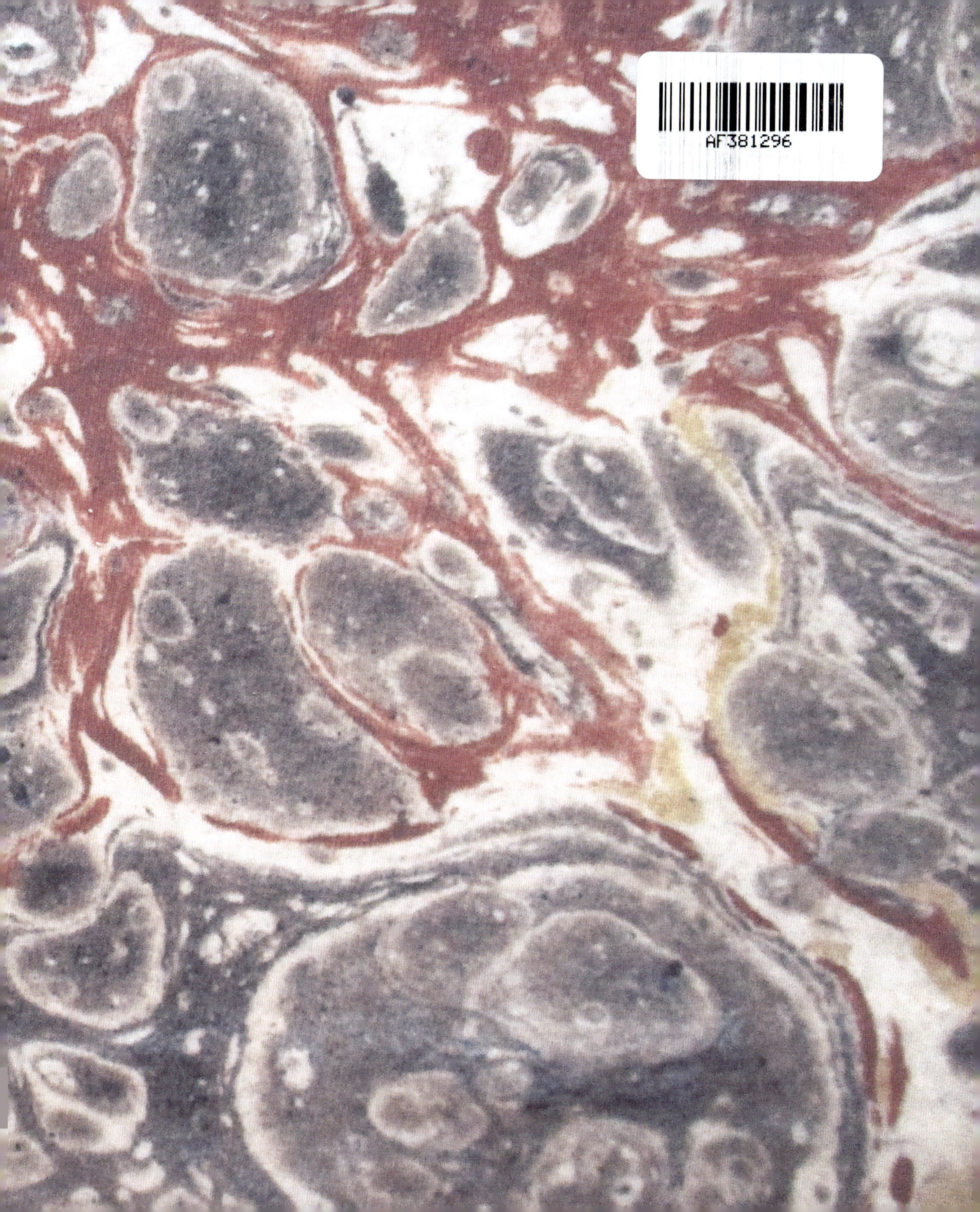
AF381296

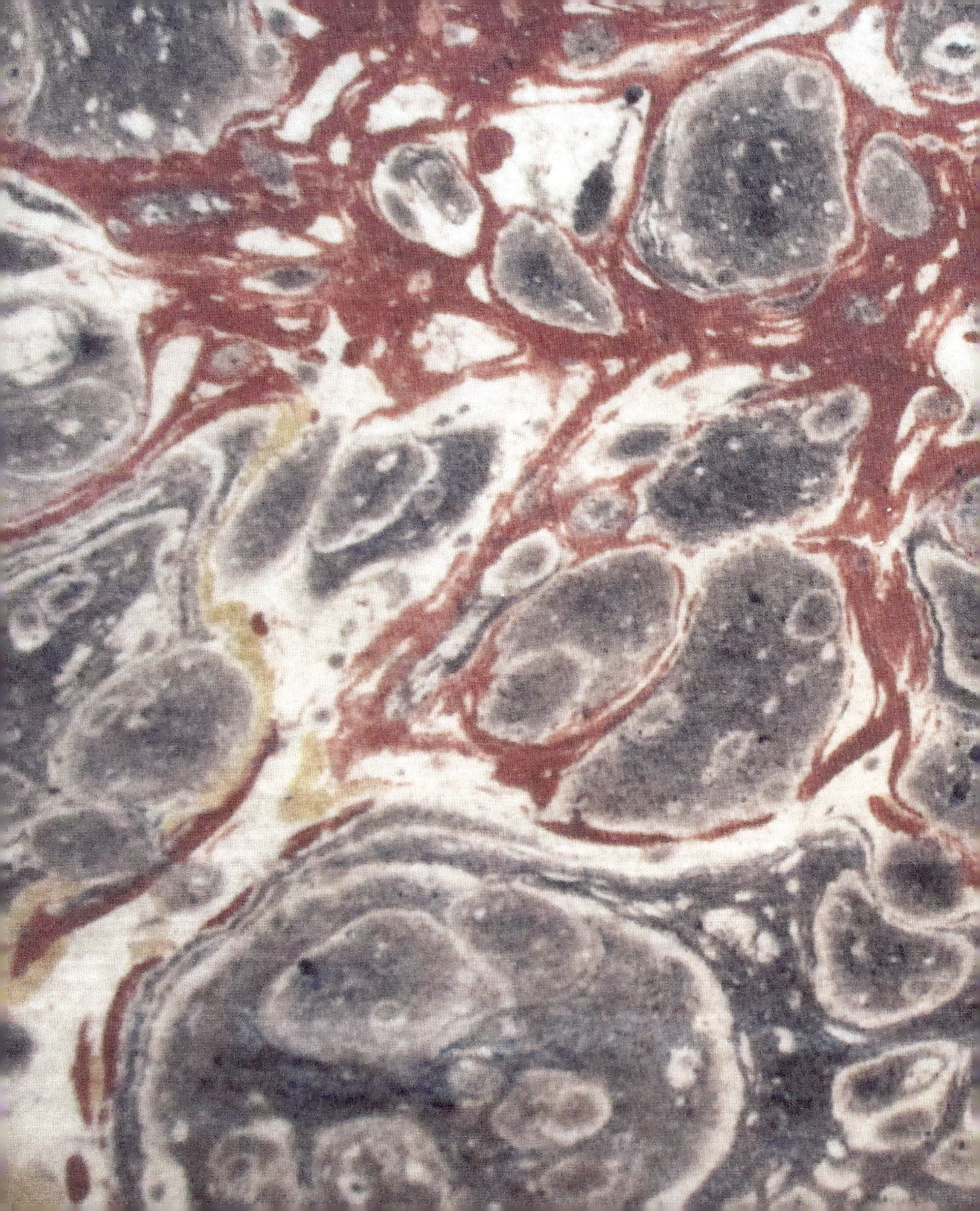

# SCÈNES D'INTÉRIEUR

*Merci à toutes, pour tout...*

# ALEXANDRE DUPOUY
# SCÈNES D'INTÉRIEUR

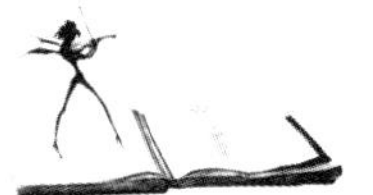

KONKURSBUCH
VERLAG CLAUDIA GEHRKE

# CONFIDENCES DE LA CAMÉRISTE

## Aus dem Nähkästchen der Kammerfrau

*Mon goût immodéré des objets démodés et autres fanfreluches qu'on découvre au hasard des marches et brocantes, nous rapprocha d'abord et nous unit enfin pour le meilleur et pour le pire. Aujourd'hui plus encore, cette passion partagée est le fruit délicieux de notre complicité. Chineurs assidus, nous sommes toujours à la recherche d'un vêtement ou d'un objet qui puisse entrer dans la composition des images : angelot de pierre ou bas couture, culotte fendue ou toile peinte en trompe de l'œil, nous assemblons tout et rien, amoureux des vieilles choses, fouillant dans un ballot de fripes pour en extraire la petite pièce en soie. Et même lors de nos voyages, nous sommes toujours à l'affut du costume folklorique qui mettra en valeur toutes ces formes généreuses. Grâce à ma connaissance et a l'intérêt que je porte aux vieilleries un peu rétro, je peux facilement le conseiller pour la taille ou la texture. J'ai l'œil exercé pour reconnaître à l'instant si le tombe d'une robe ou l'échancrure d'un décolleté peut être exploitable. J'ai plaisir à chercher avec lui le sofa ou il pourra disposer ses muses, les dessus-de-lit en satin à déployer à leurs pieds, les chaussures à hauts talons que j'essaye pour verifier si la taille peut convenir. Je suis tout à la fois camériste et accessoiriste, attentive et discrète, complice de ses fantasmes.*

*Enfin, il ne reste plus qu'à savourer le spectacle. Le rideau s'ouvre : elles sont la offertes, au gré des plaisirs à disposition. Actrices éphémères, elles se déplacent avec grâce dans les dédales de ses mises en scène quelque peu baroques, qui sont autant de prétextes à les dévoiler. Elles aiment à se déguiser, s'amusent à se transformer, s'interchanger. Tous ces jeux ne sont imaginés que pour nous aider a les surprendre dans leurs ébats. Gracieuses et mouvantes, elles évoluent dans ces décors de tissus soyeux aux couleurs chatoyantes. Et c'est là qu'il les emprisonne, les fixe sur le papier pour nous permettre de détailler a loisir leurs hémisphères nacres et leurs fentes rosées.*

Jocelyne DUPOUY

*Meine maßlose Schwäche für altmodische Sachen und anderen Flitterkram, den man zufällig auf Märkten und in Trödelläden entdeckt, hat uns zunächst einander nähergebracht und uns schließlich durch gute und schlechte Zeiten hindurch vereint. Auch heute noch ist diese geteilte Leidenschaft die Krönung unserer Verbundenheit. Als emsige Lumpensammler sind wir immer auf der Suche nach einem Kleidungsstück oder einem Objekt, das sich in die Komposition der Bilder einfügen lässt: kleine Steinengel oder Strümpfe, geschlitzte Kniehosen oder täuschend echt bemalte Leinwand; wir sammeln alles und nichts, verliebt in alte Sachen wühlen wir in einem Packen zerknitterter Stoffe, um daraus das kleine Seidenstück zu ergattern.*

*Und selbst auf unseren Reisen sind wir immer auf der Suche nach dem folkloristischen Kostüm, das all diese großzügigen Formen zur Geltung bringen wird. Dank meiner Kenntnisse und dem Interesse, das ich für den altmodischen Kram hege, kann ich ihn leicht beraten, was die Größe oder das Gewebe betrifft. Ich habe ein geübtes Auge, um sofort zu erkennen, ob der Sitz eines Kleides oder der Ausschnitt eines Dekolletés verwendbar sind. Es macht mir Spaß, mit ihm das Sofa auszusuchen, wo er seine Musen platzieren kann, das Oberbett aus Satin, um es zu ihren Füßen auszubreiten, die hochhackigen Schuhe, die ich anprobiere, um zu sehen, ob die Größe passen könnte. Ich bin gleichzeitig Kammerfrau und Requisiteurin, aufmerksam und diskret, Verbündete der Fantasien.*

*Schließlich bleibt nur noch, das Schauspiel zu genießen. Der Vorhang öffnet sich: Sie bieten sich hier dar, dem Belieben der Lüste zur freien Verfügung. Als Schauspielerinnen auf Zeit begeben sie sich mit Grazie in die Irrgärten seiner etwas barocken Inszenierungen, die gleichermaßen Vorwand für ihre Enthüllungen sind. Sie verkleiden sich gern, haben Spaß daran, sich zu verwandeln, zu verändern. All diese Spiele sind nur dazu erdacht, sie in ihrer Unbekümmertheit zu überraschen. Graziös und tänzerisch bewegen sie sich in diesen seidengewebten Dekors in schillernden Farben. Und an diesem Punkt hält er sie fest, bannt sie auf Papier, um uns zu erlauben, in aller Ruhe ihre perlmuttartigen Halbkugeln und ihr zartrosa Geheimnis zu betrachten.*

# LES DEUX AMIES

## Die zwei Freundinnen

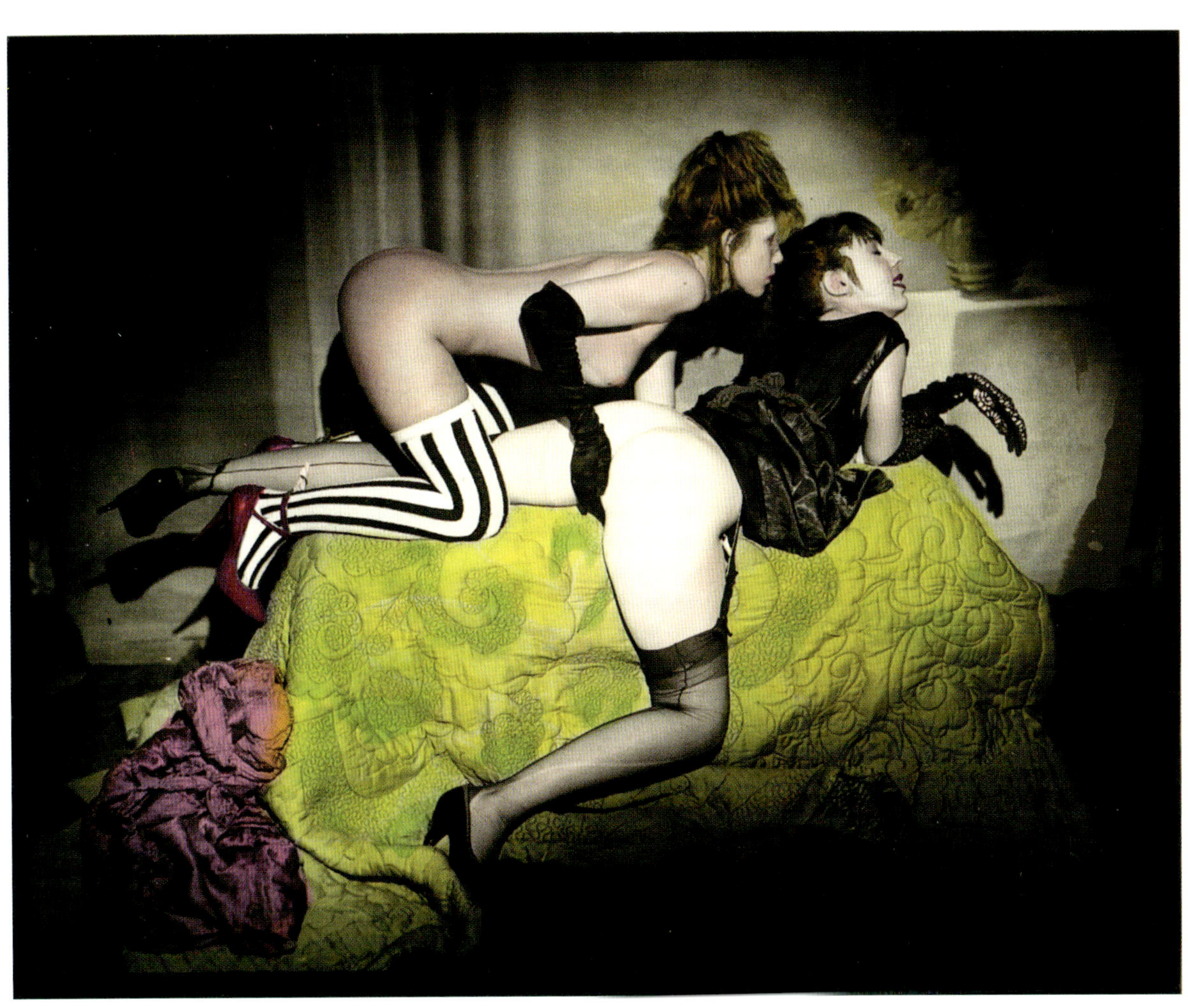

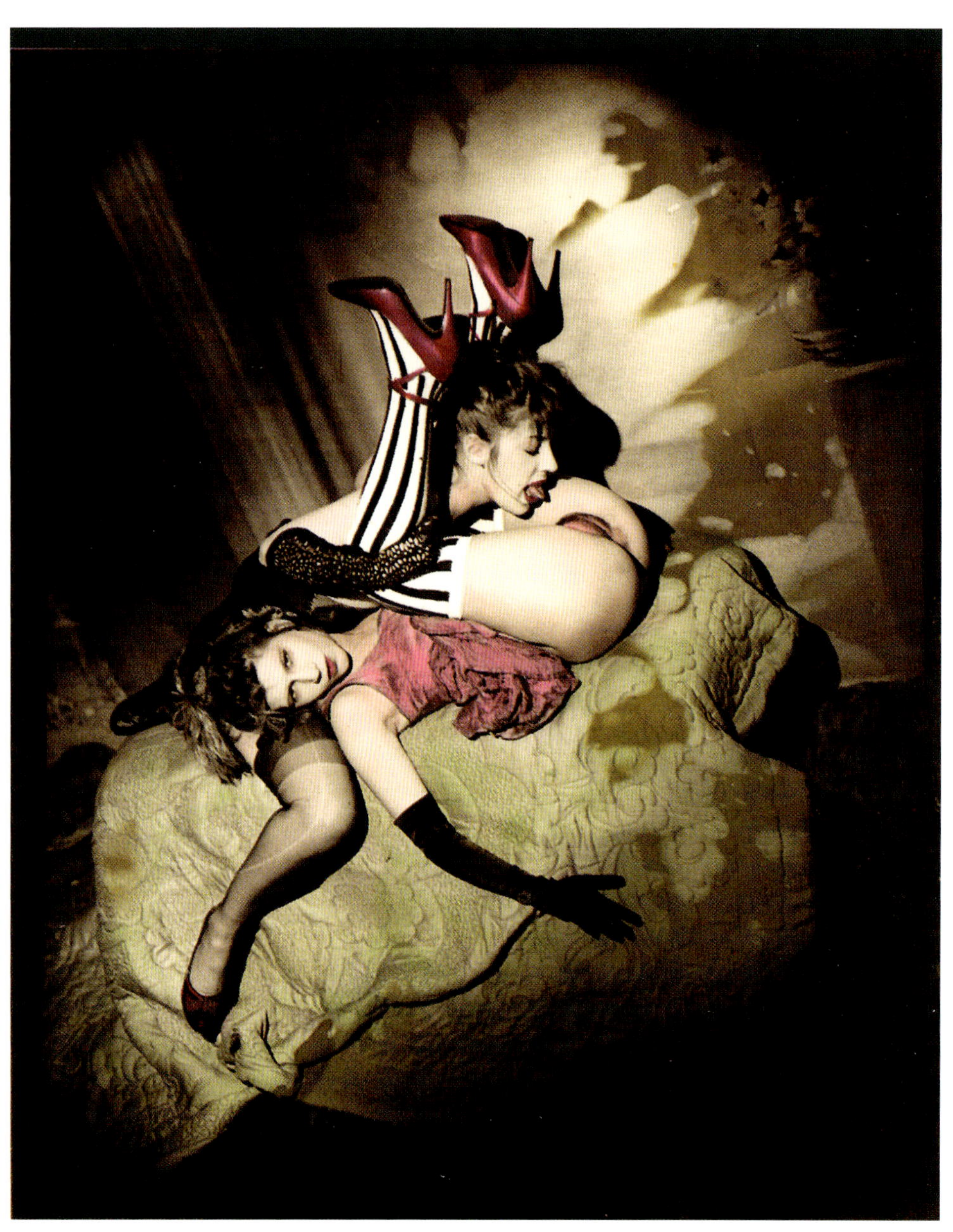

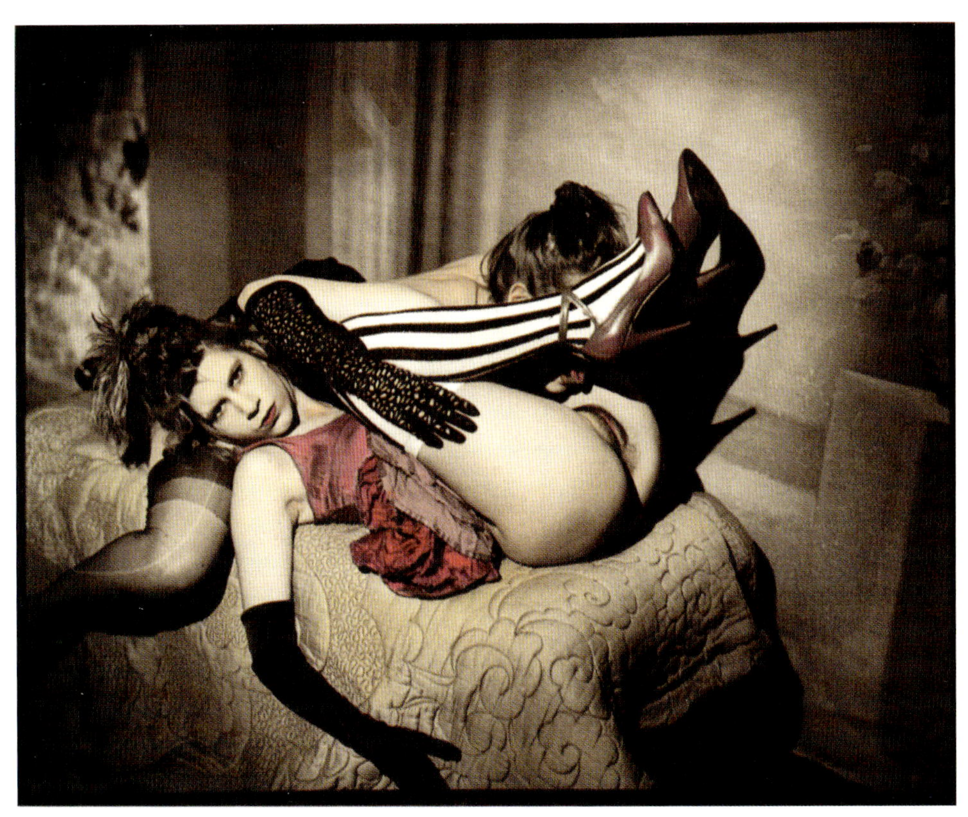

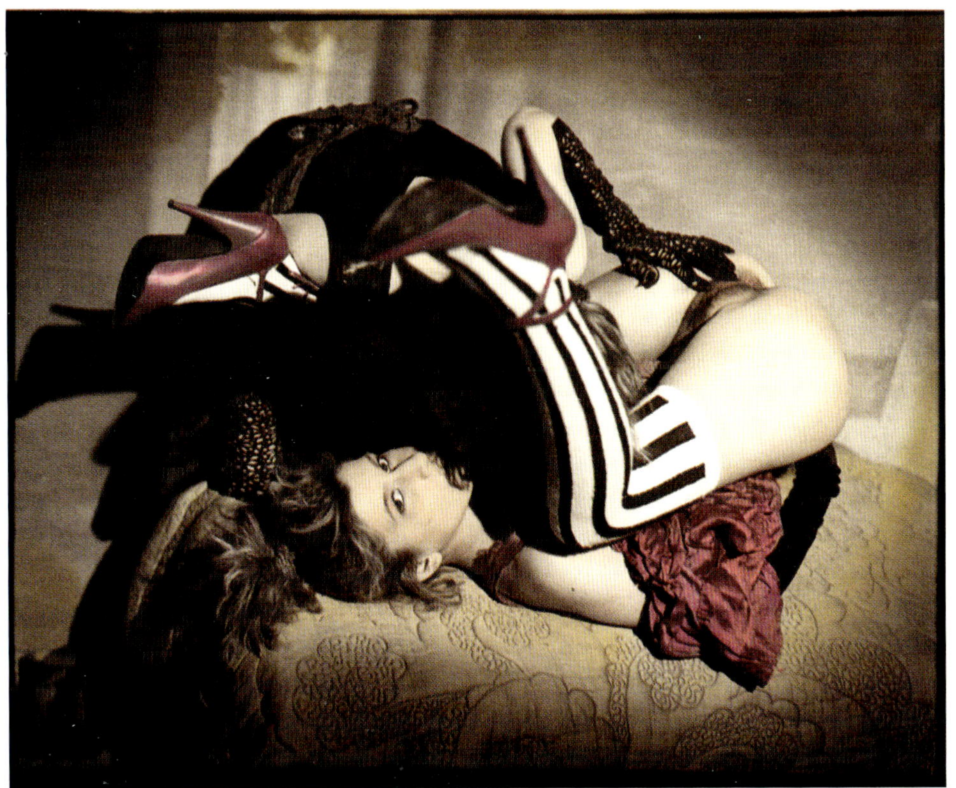

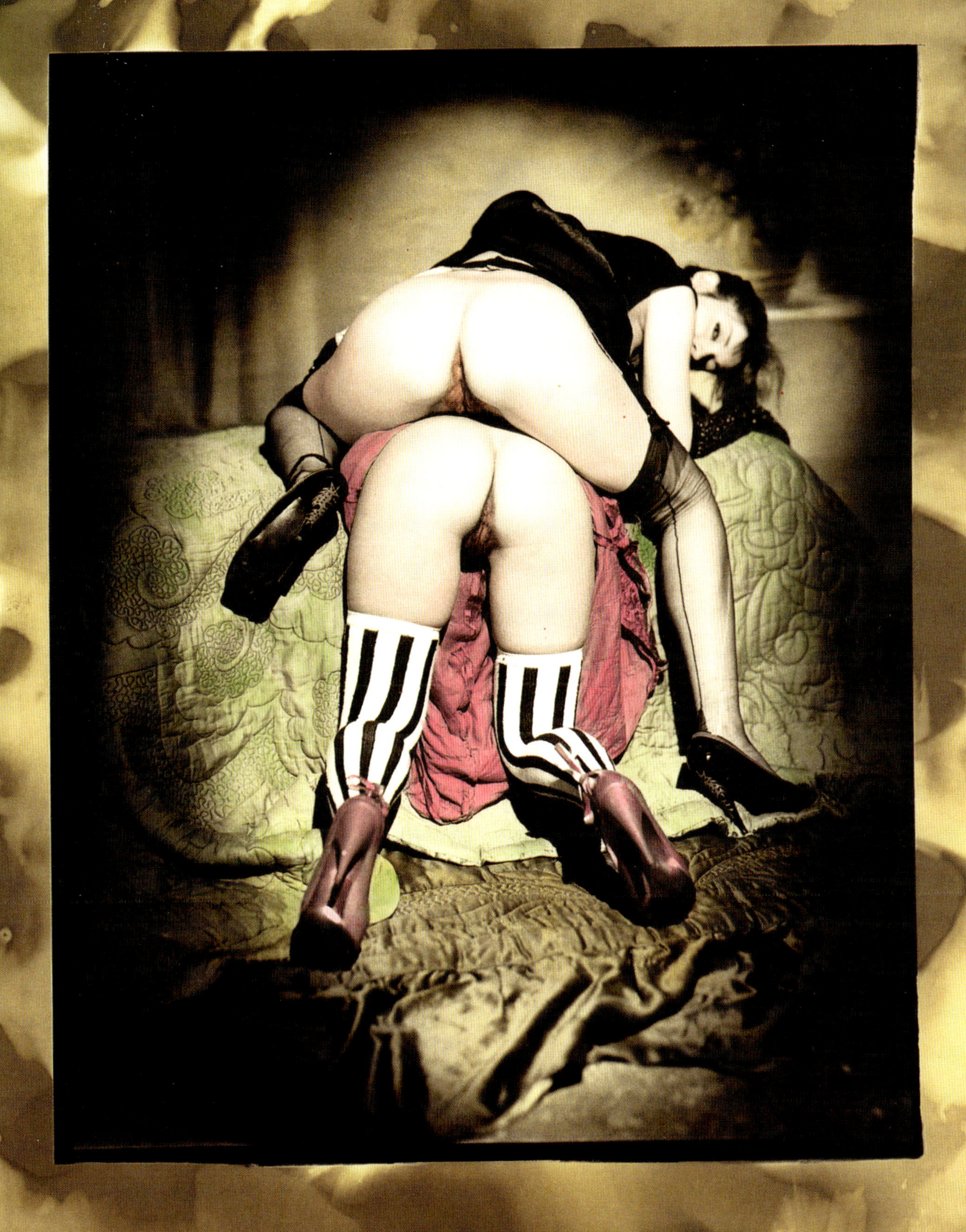

# PORTRAITS DE DAMES

## Portraits der Damen

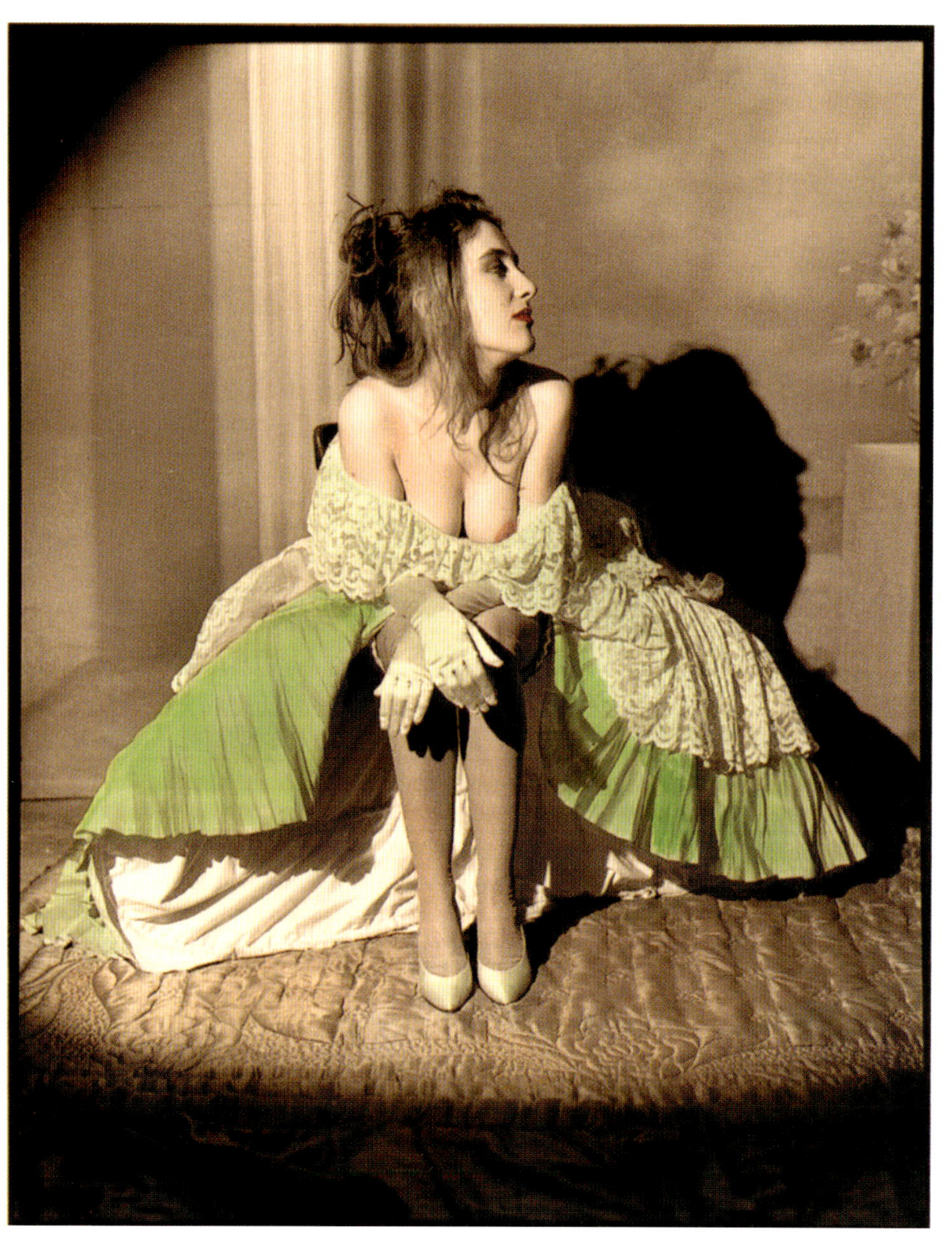

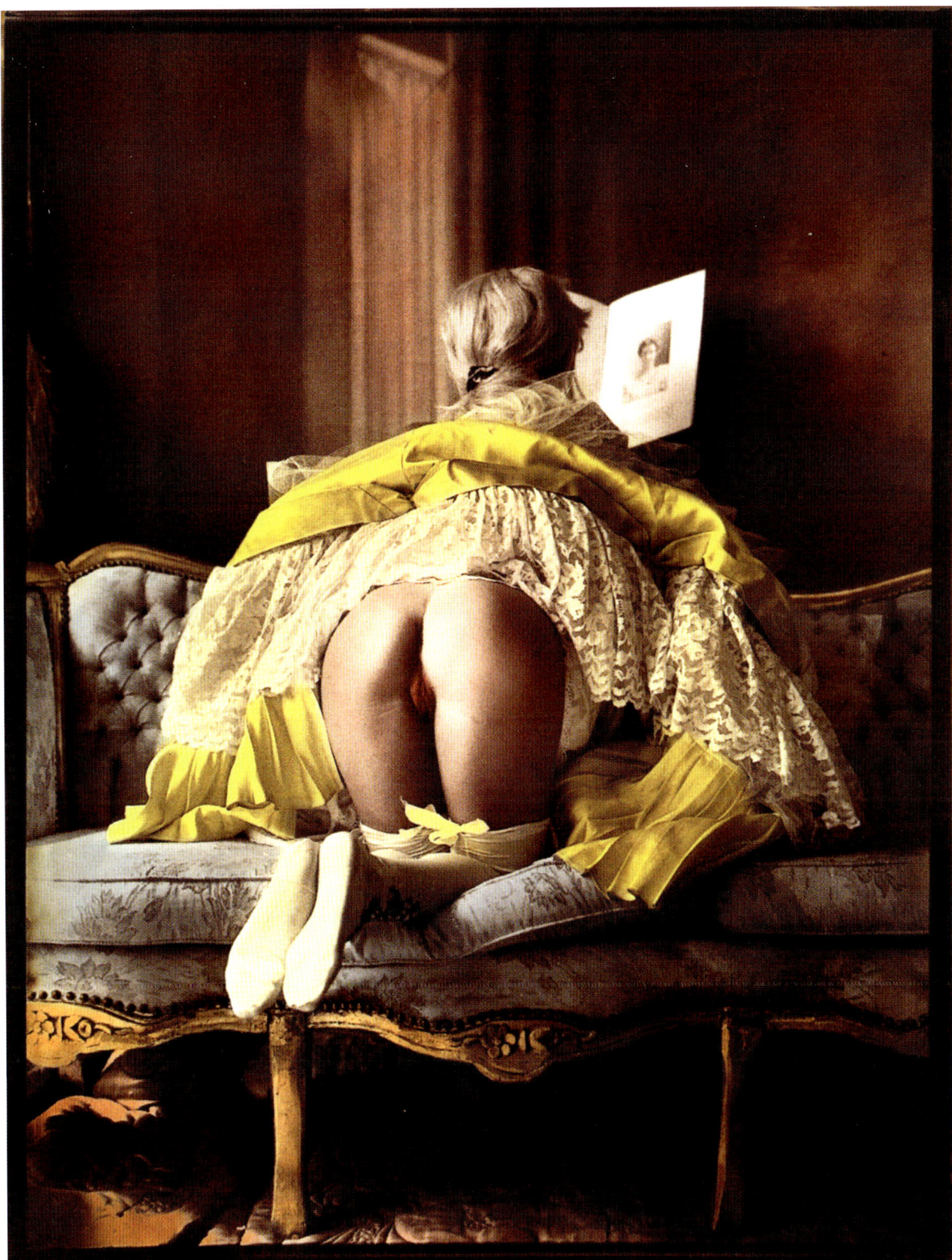

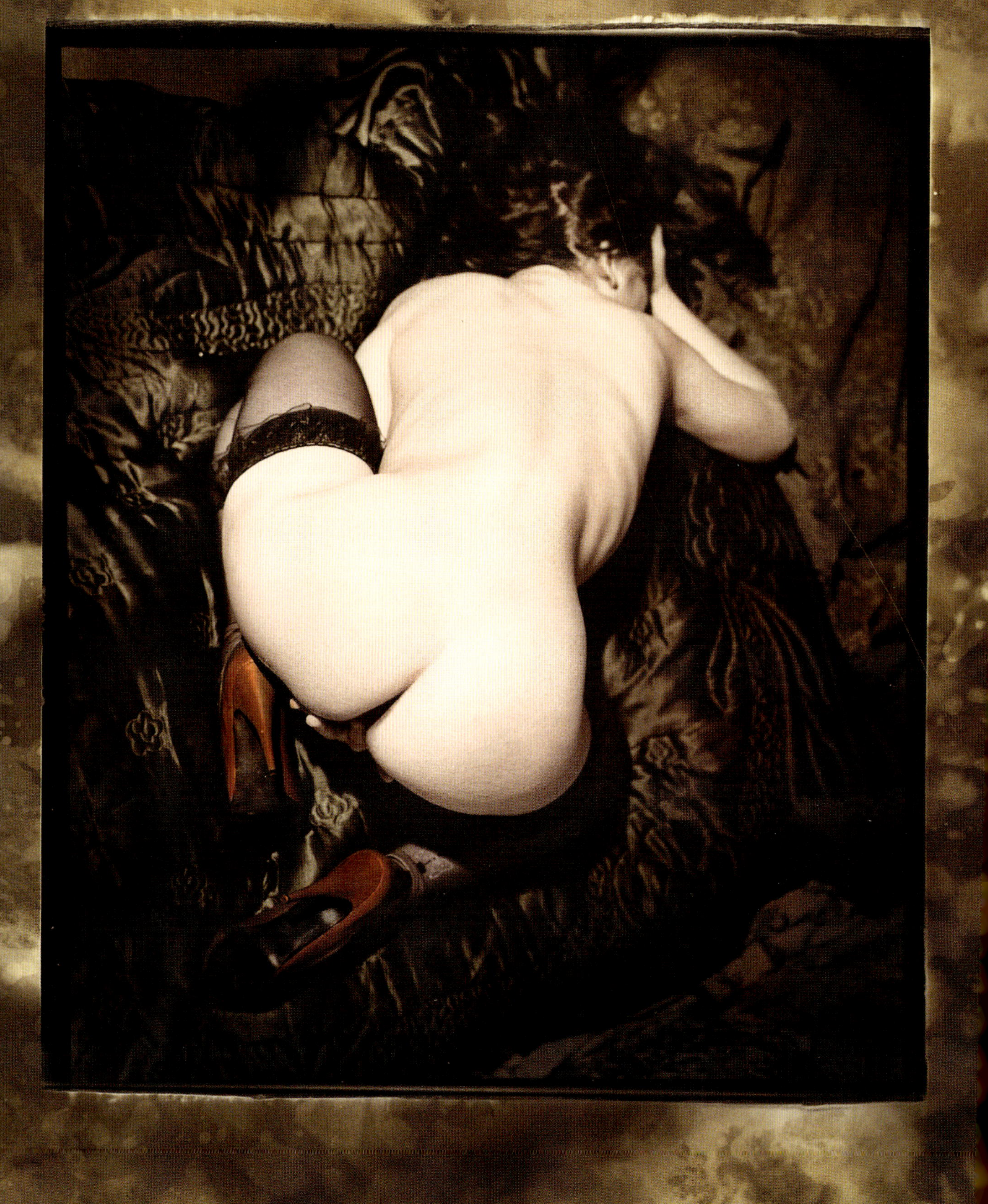

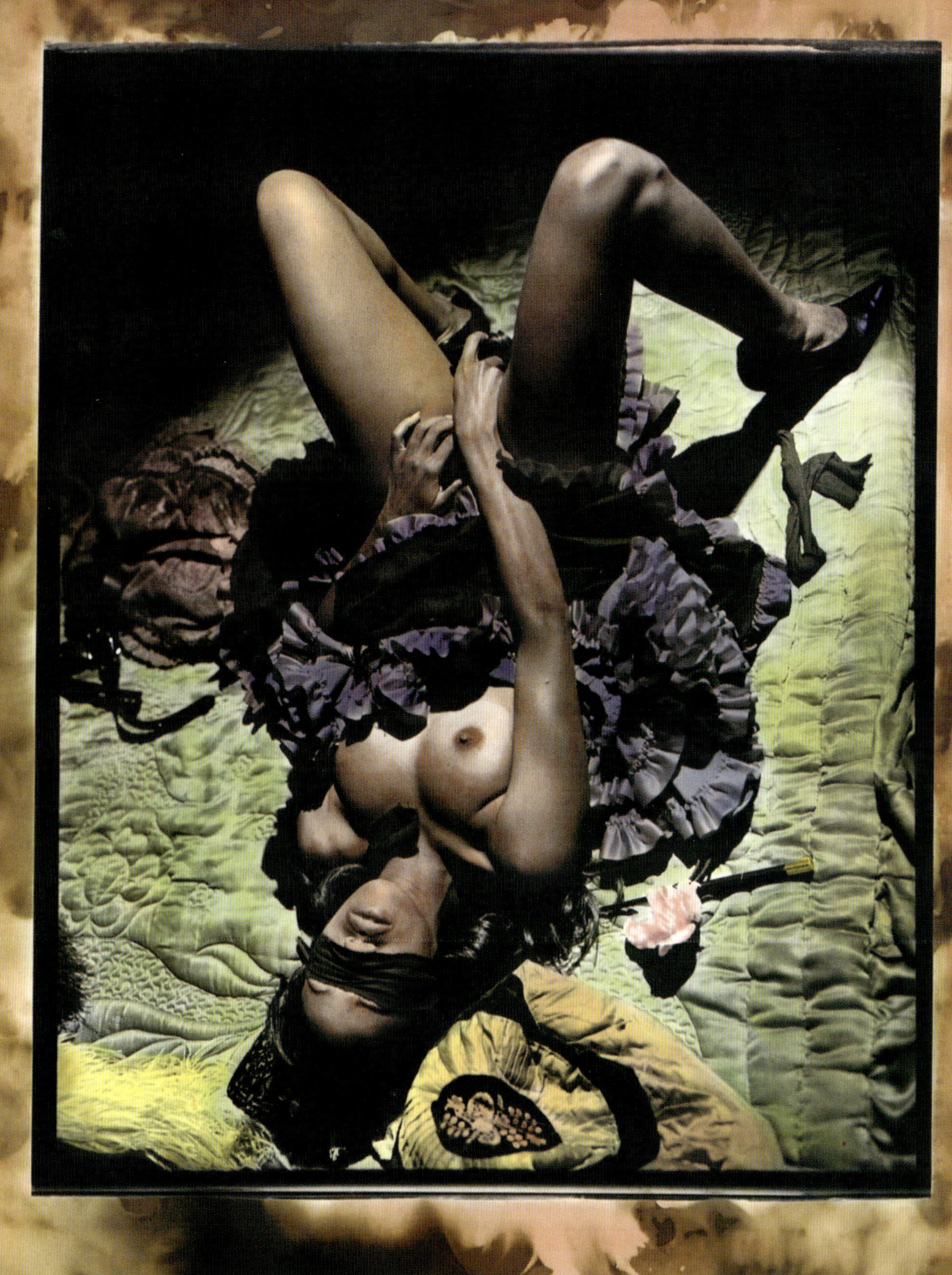

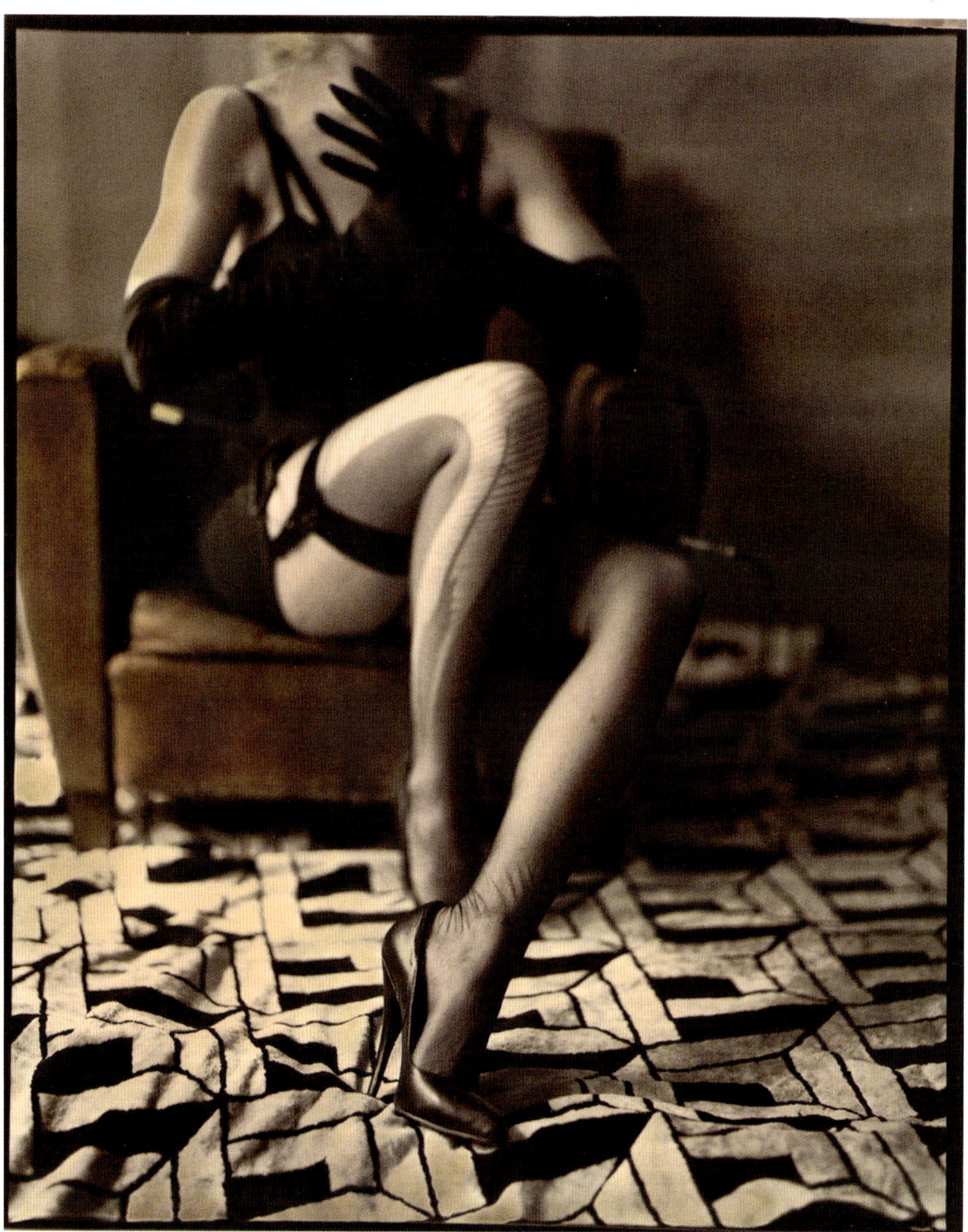

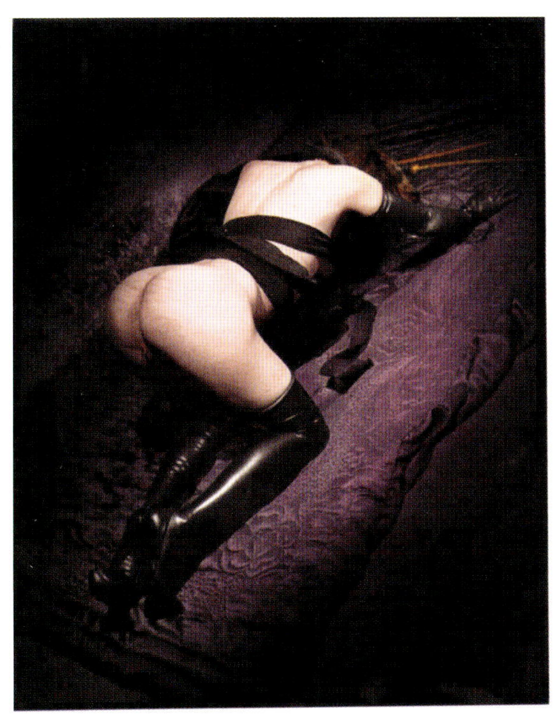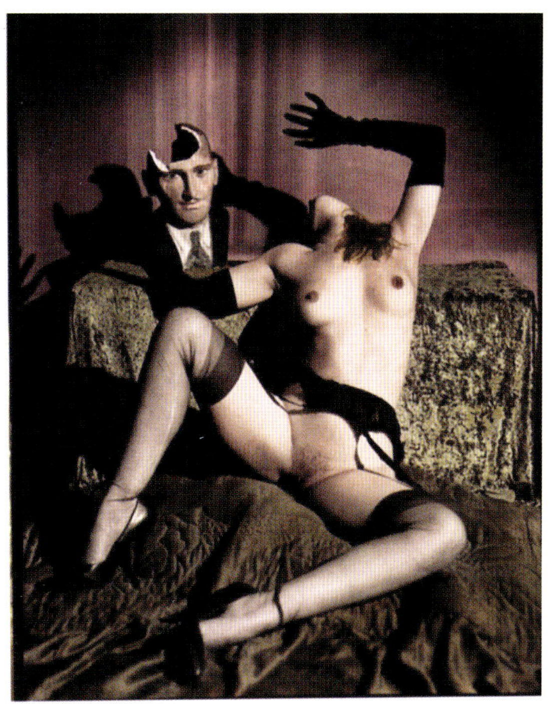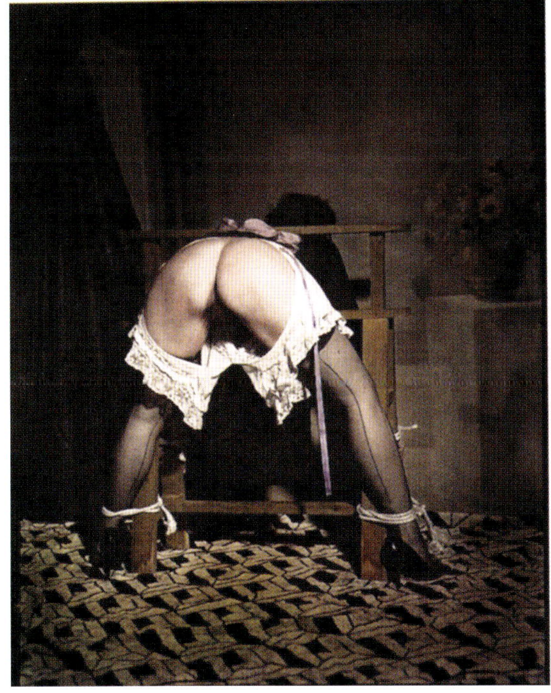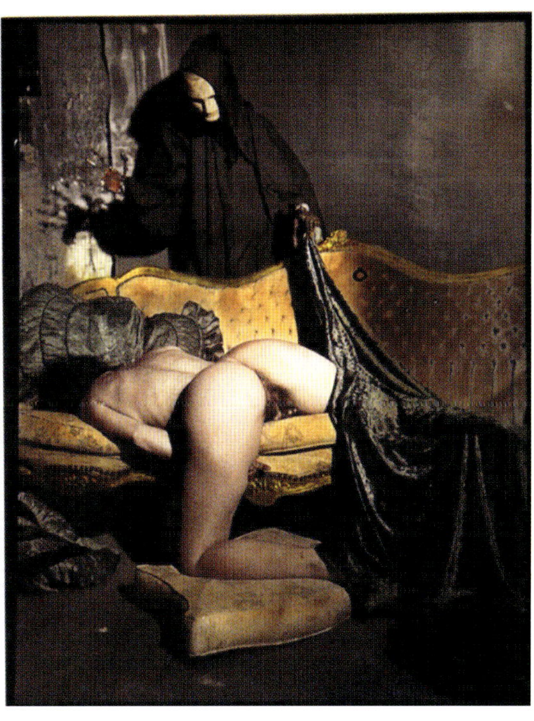

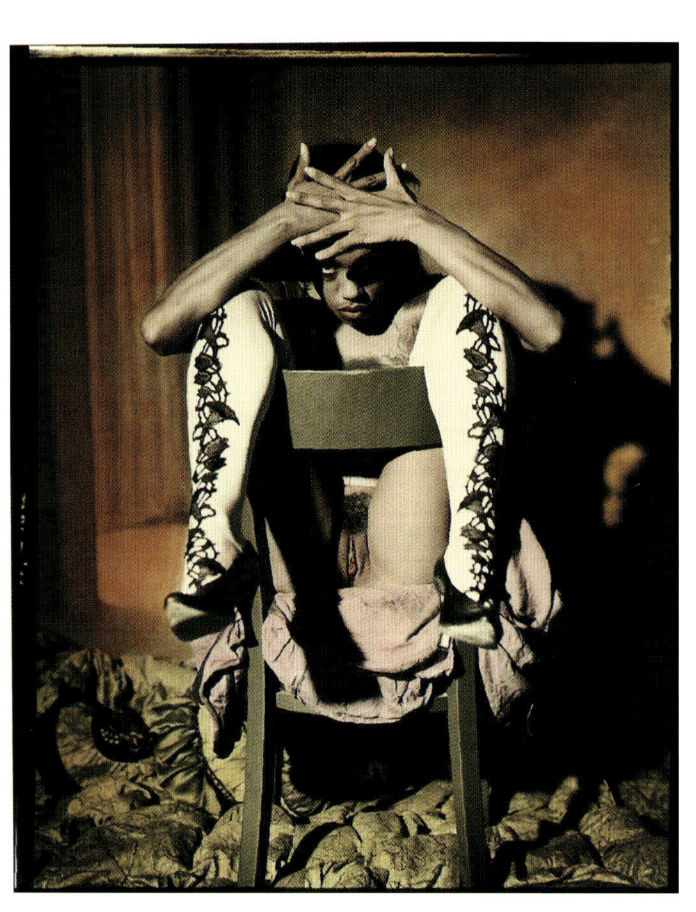
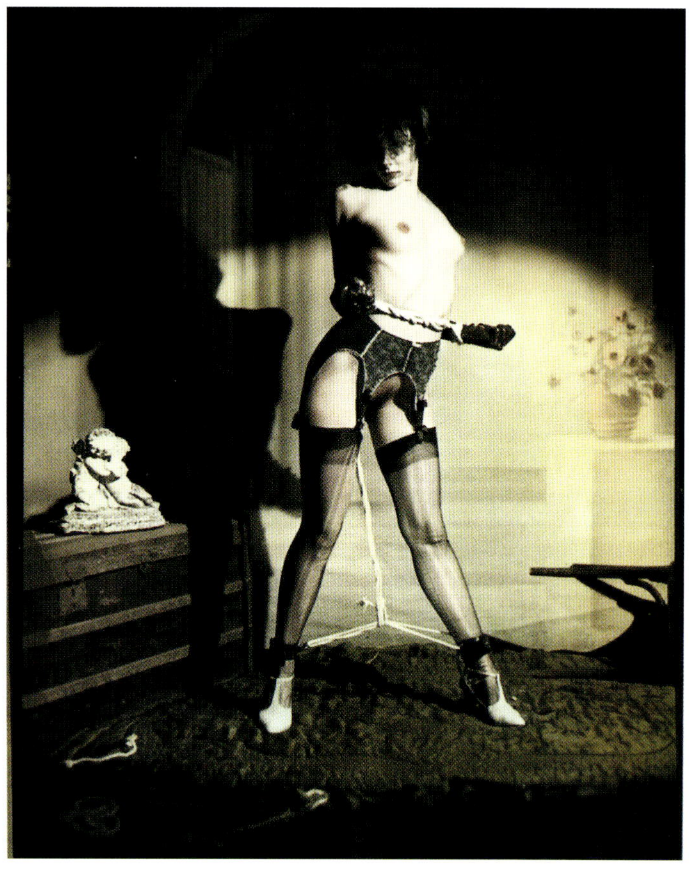

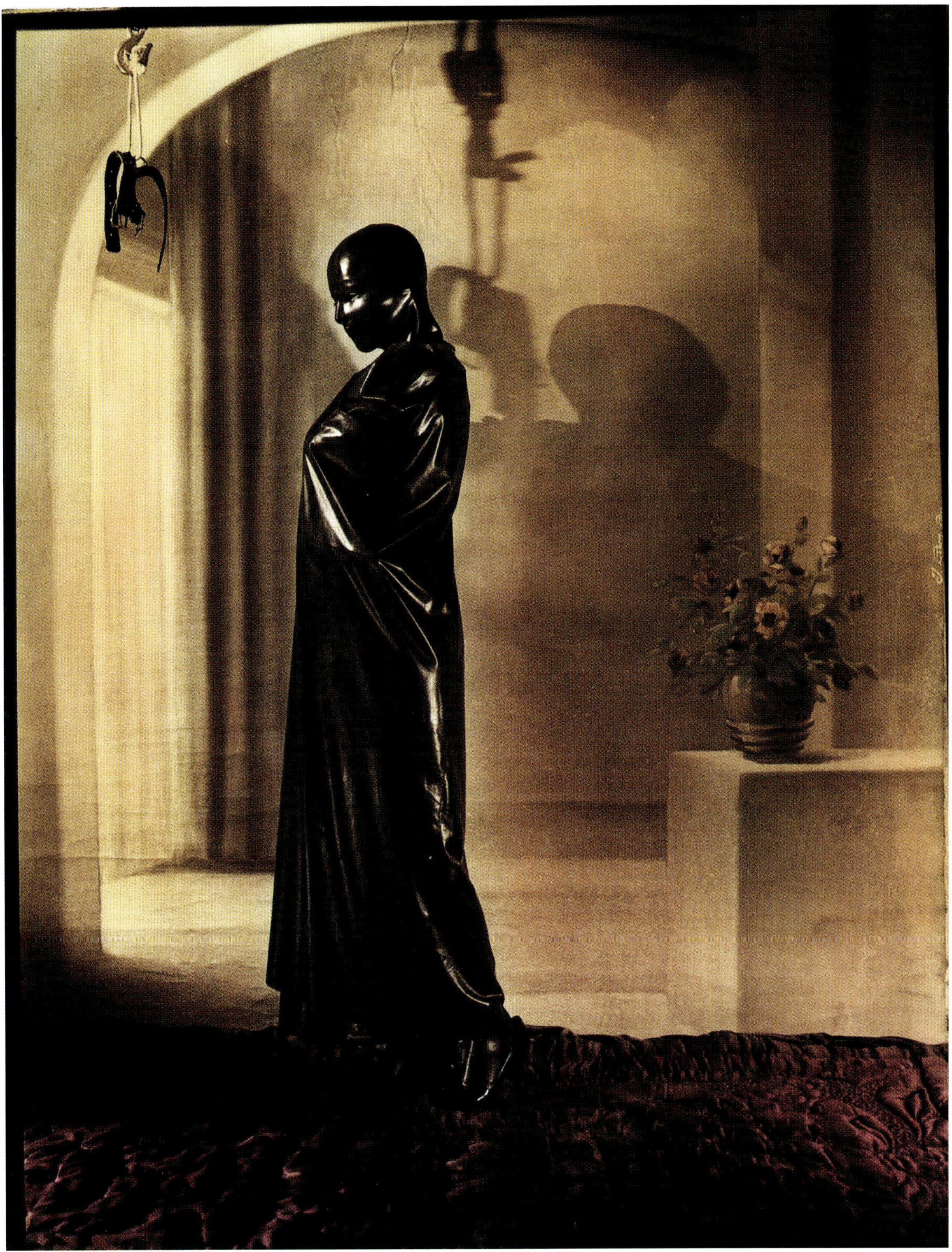

# DÉVERGONDAGE DES TROIS GRACIES

## Unzüchtigkeiten der drei Grazien

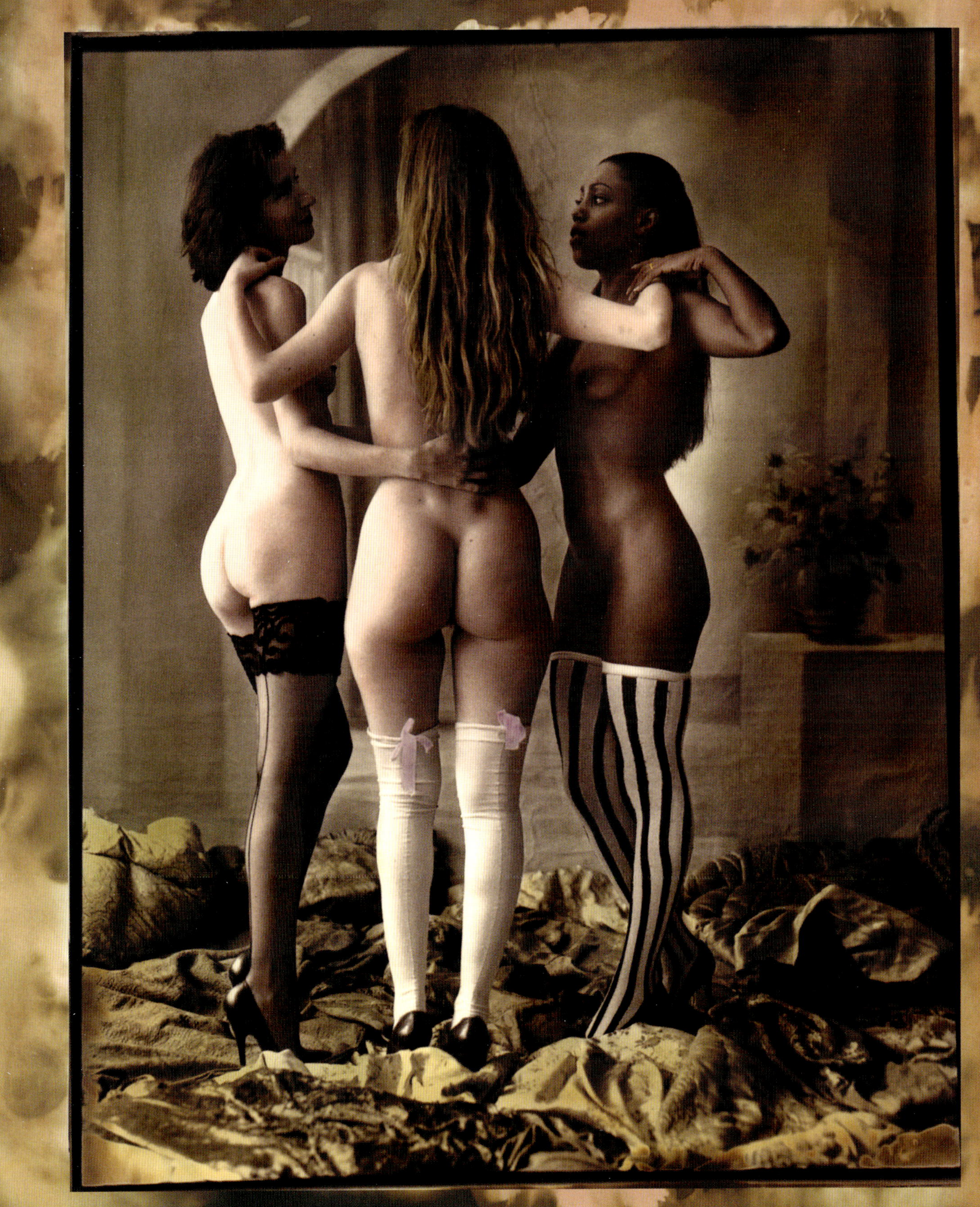

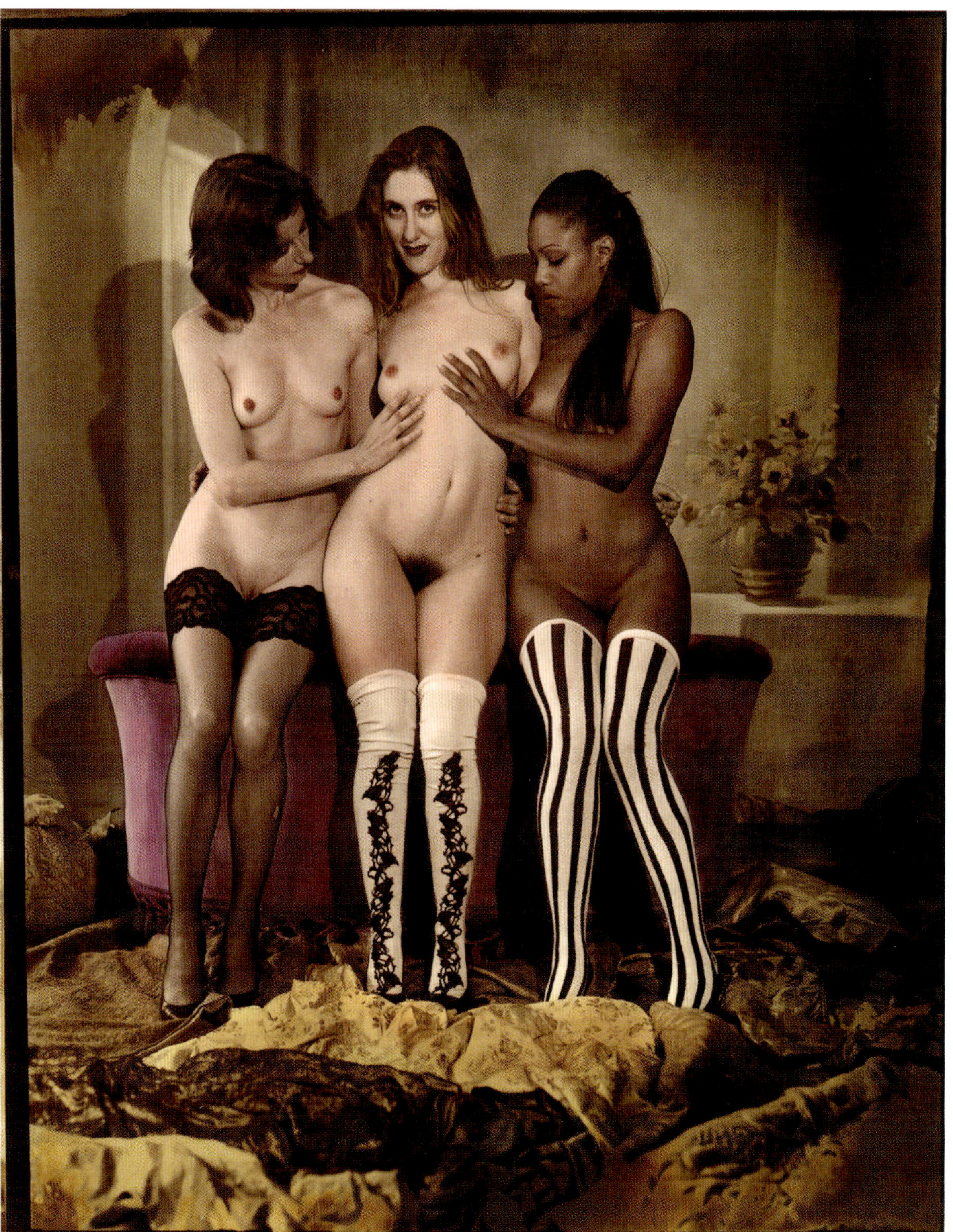

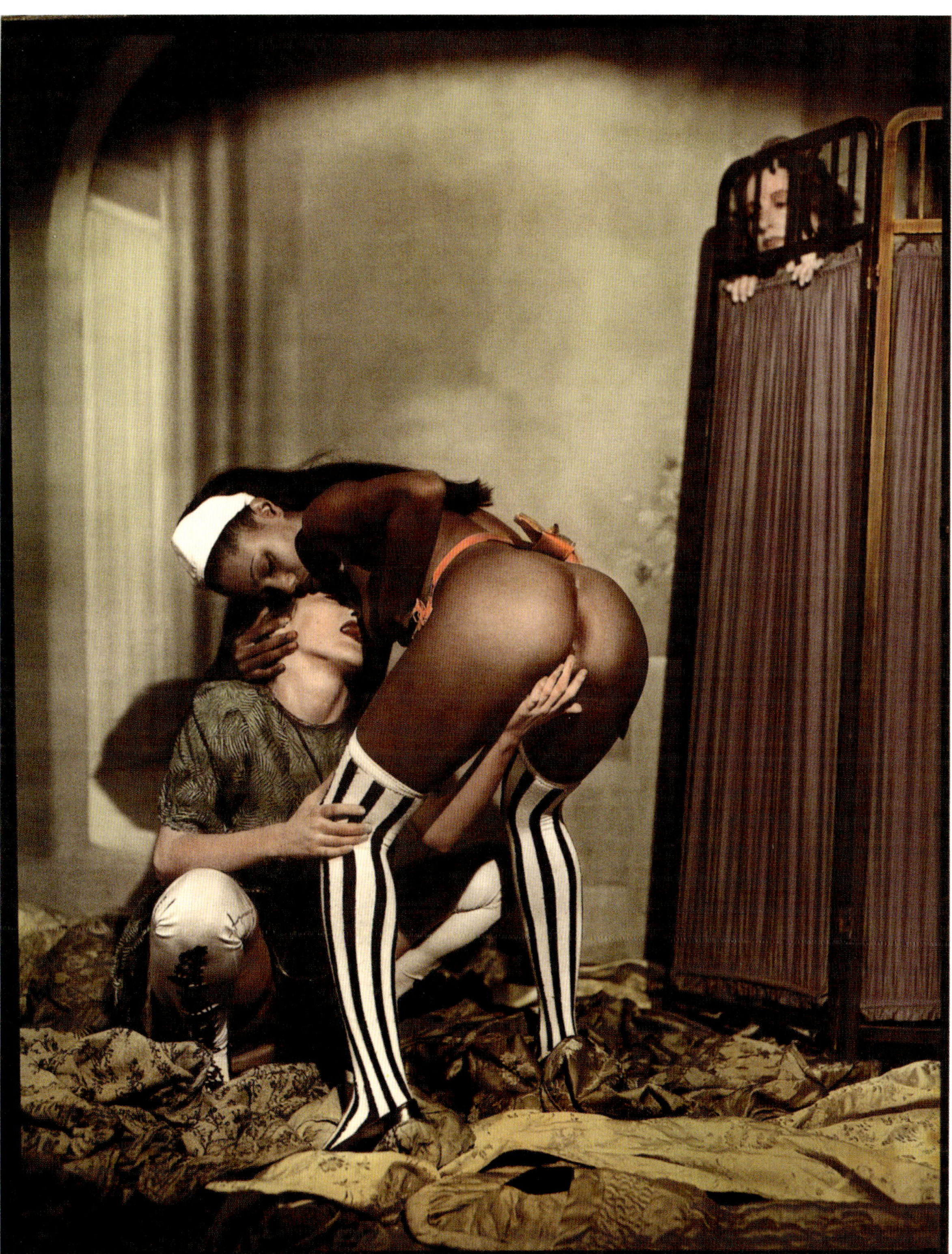

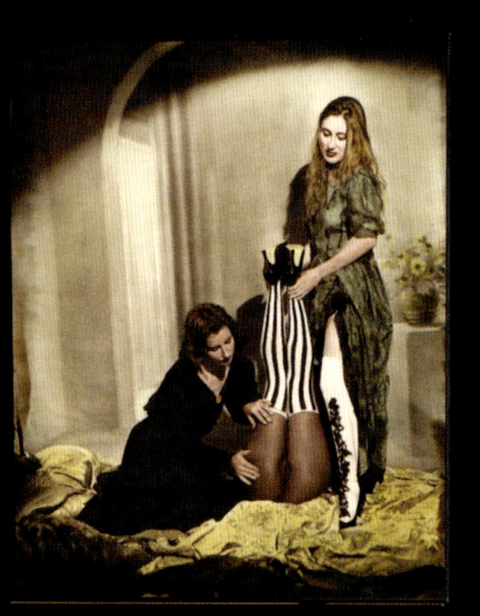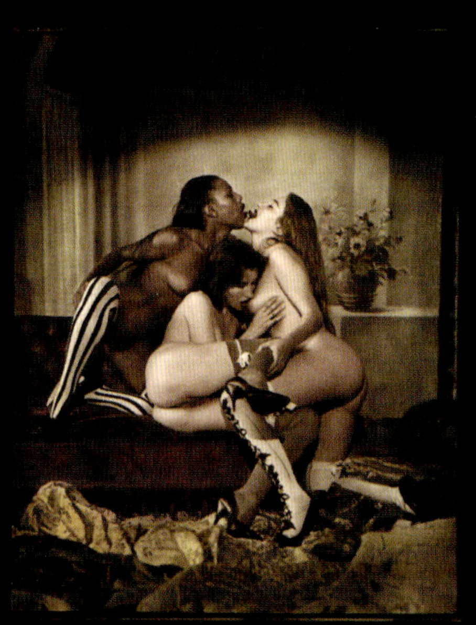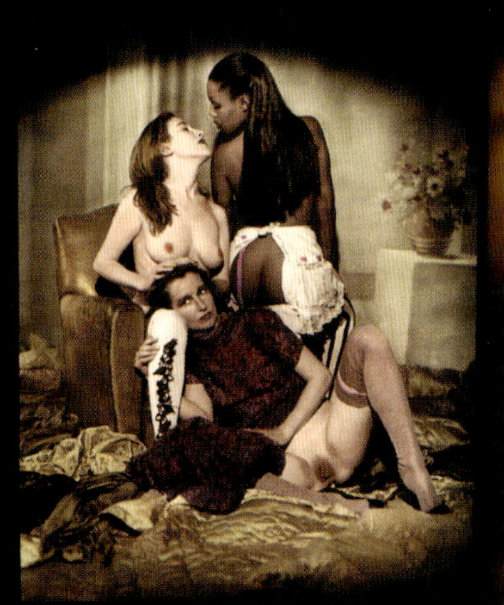

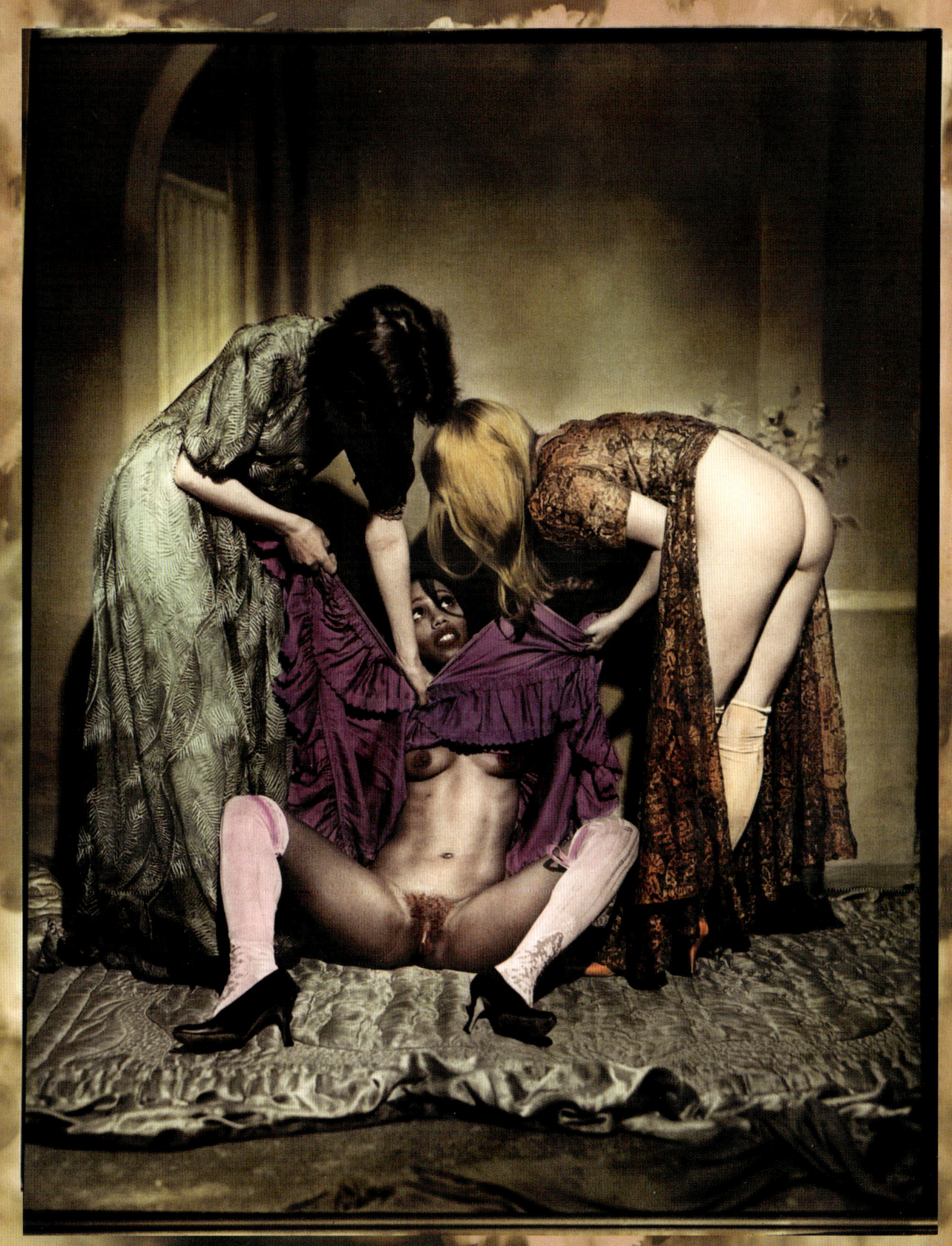

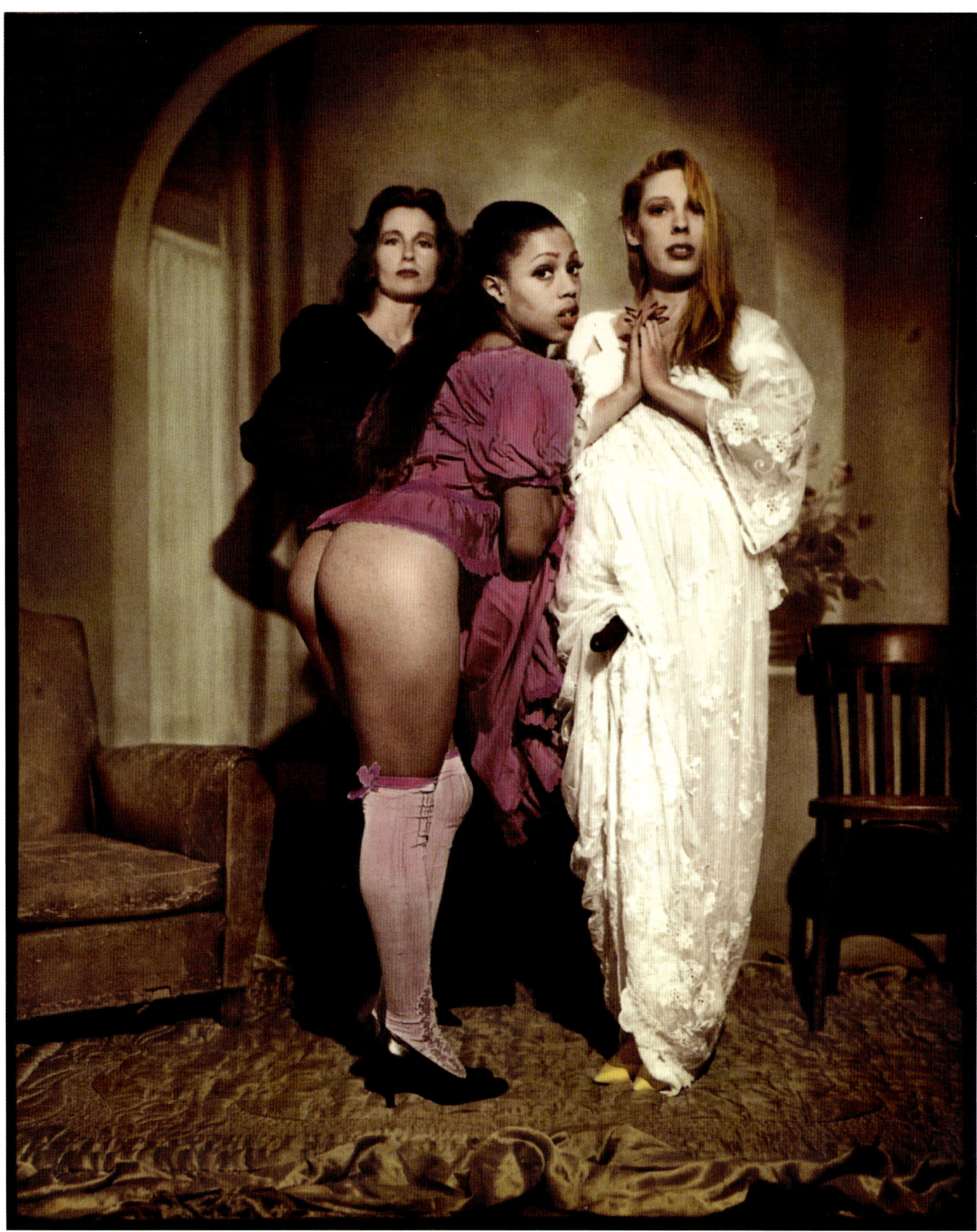

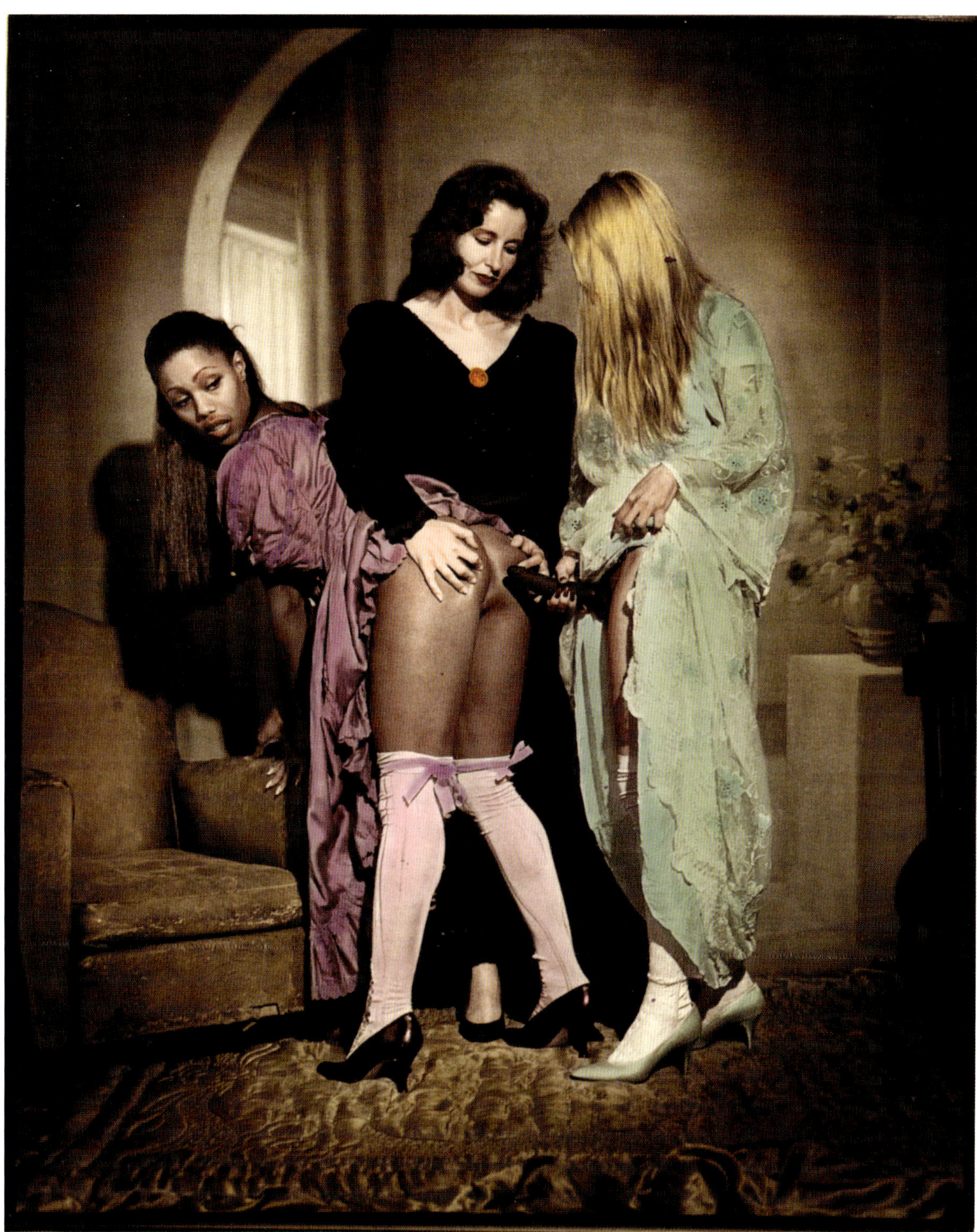

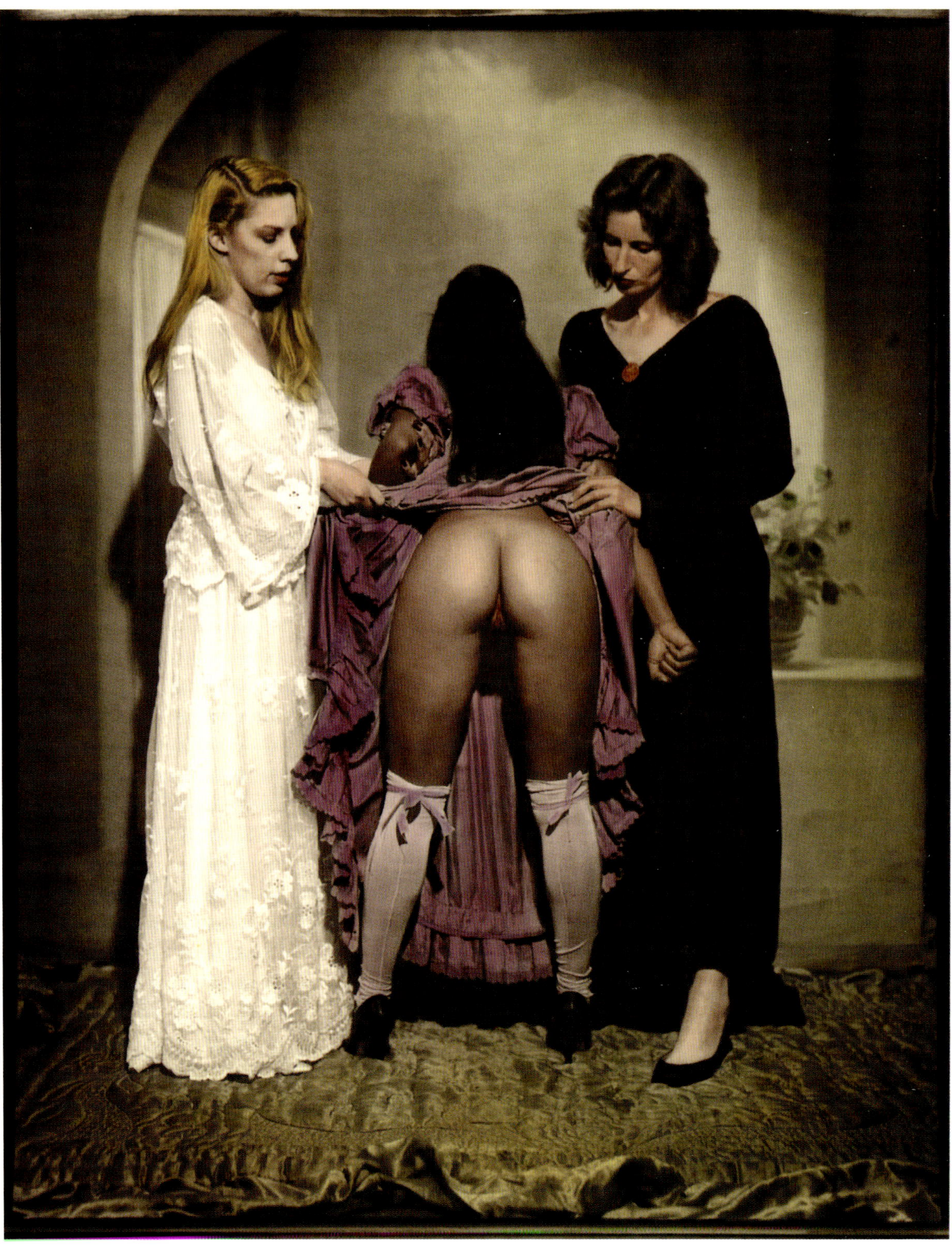

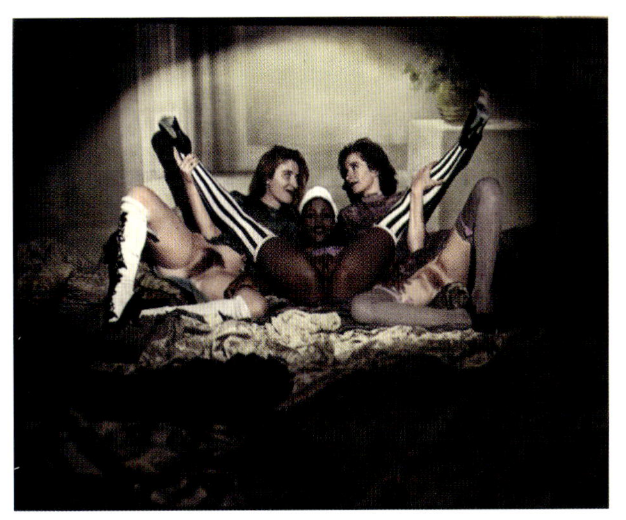

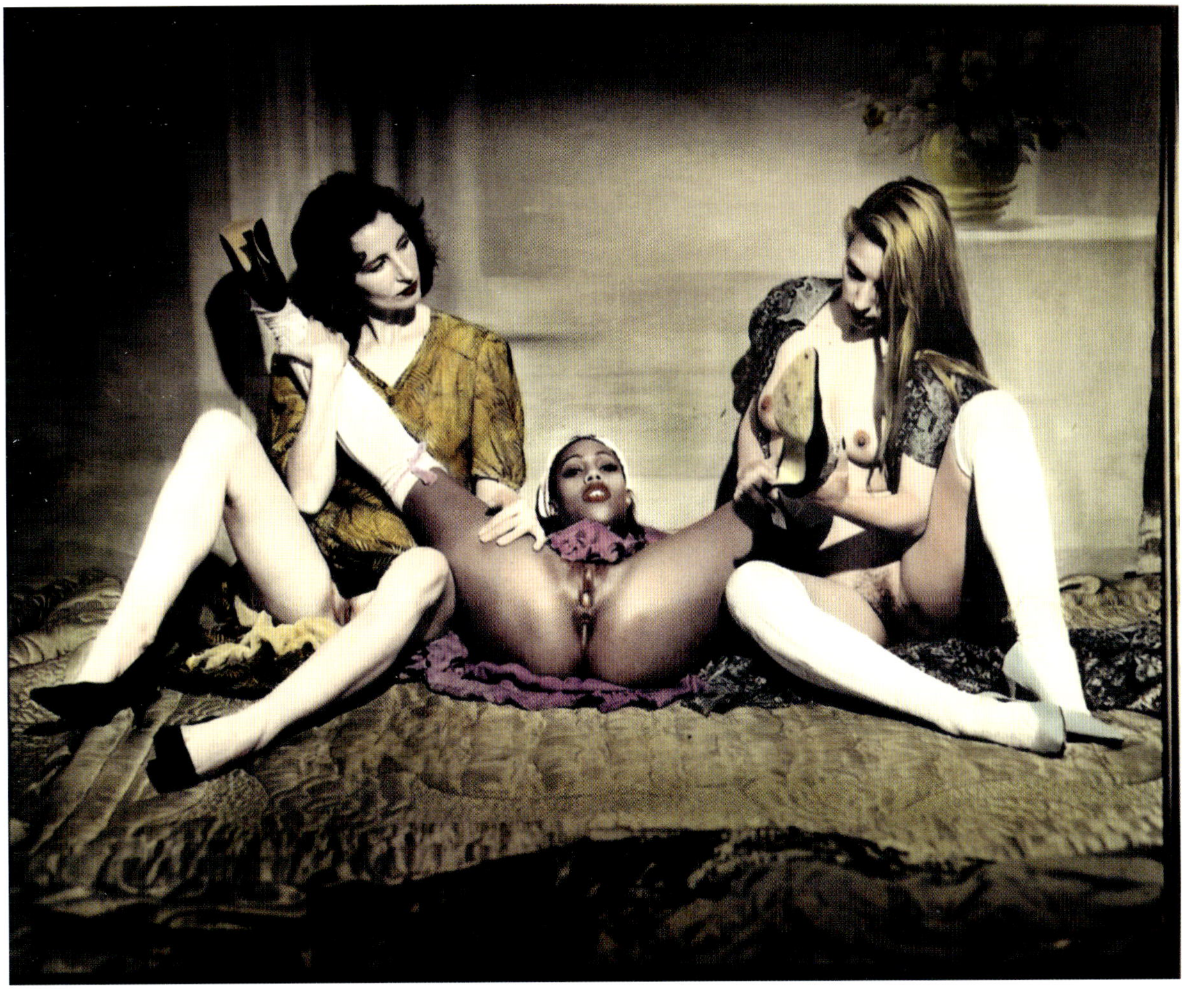

# INTIMITÉ D'UN COUVENT

## Intimität eines Klosters

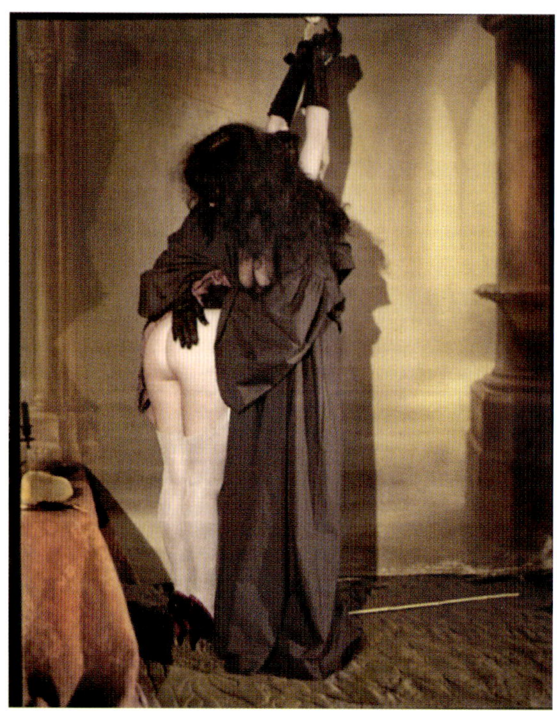

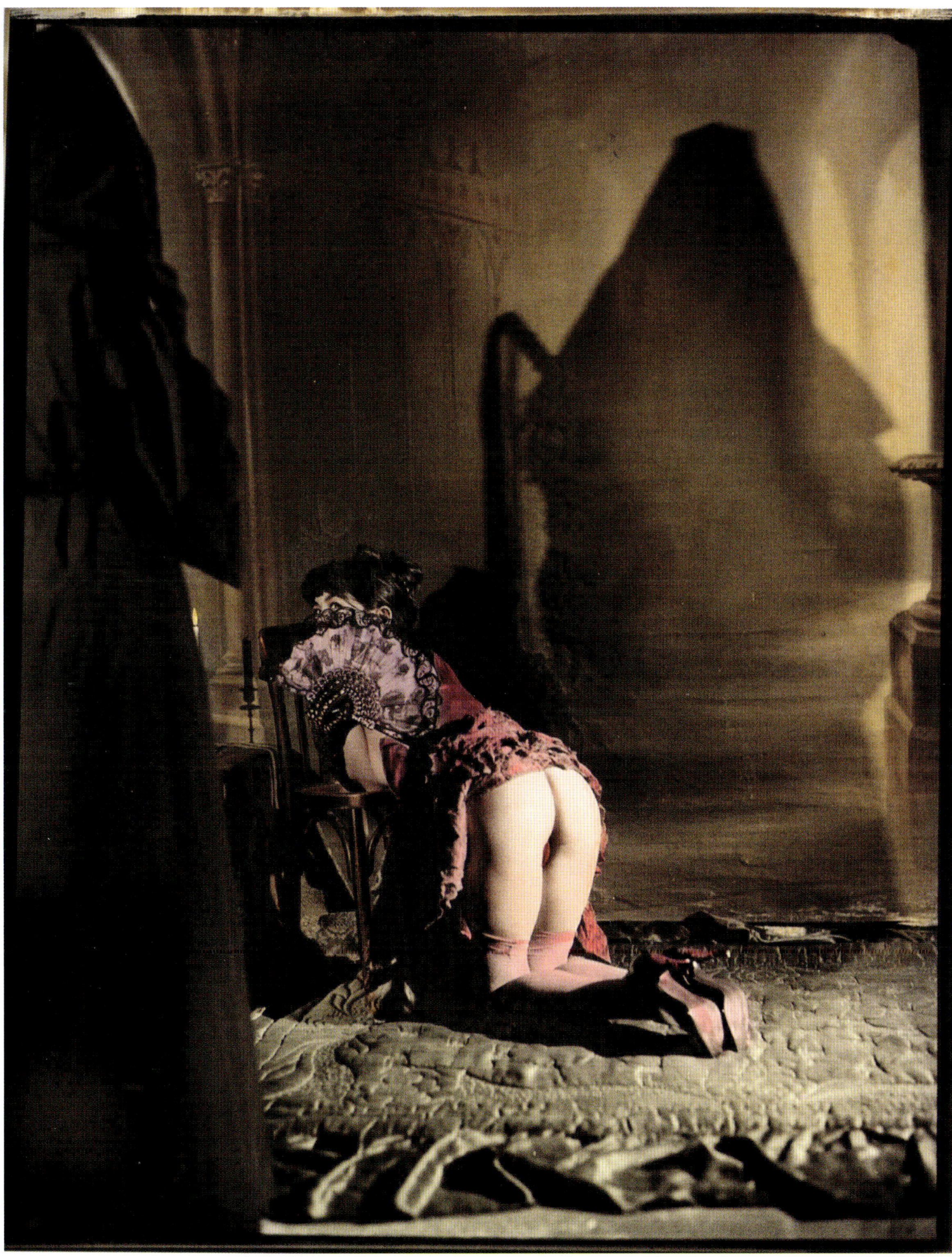

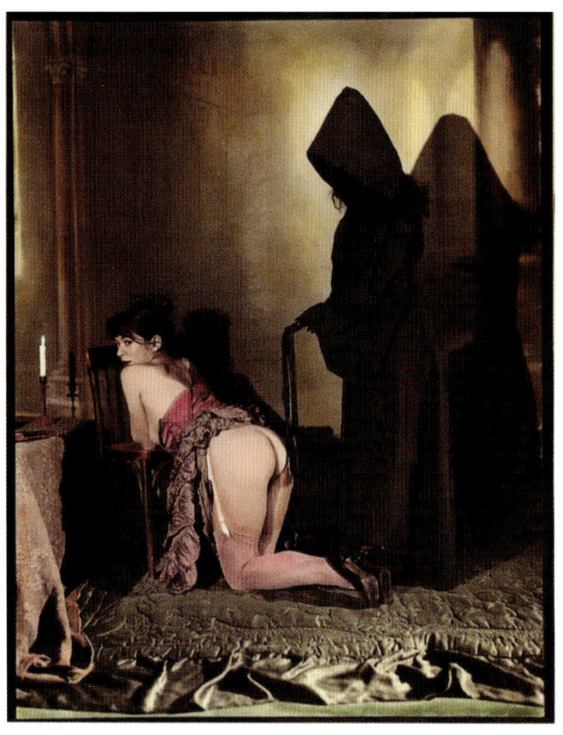
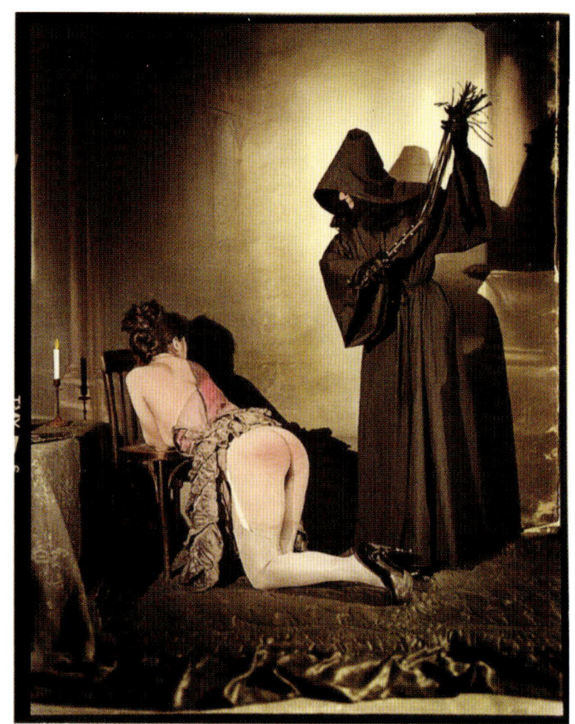
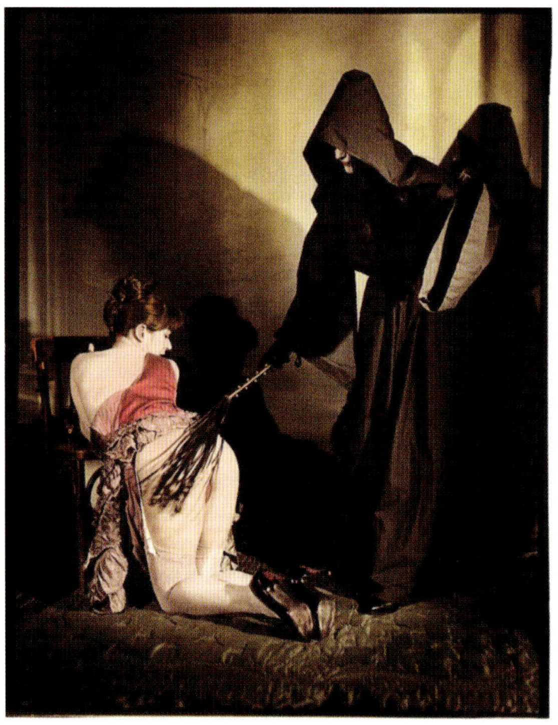
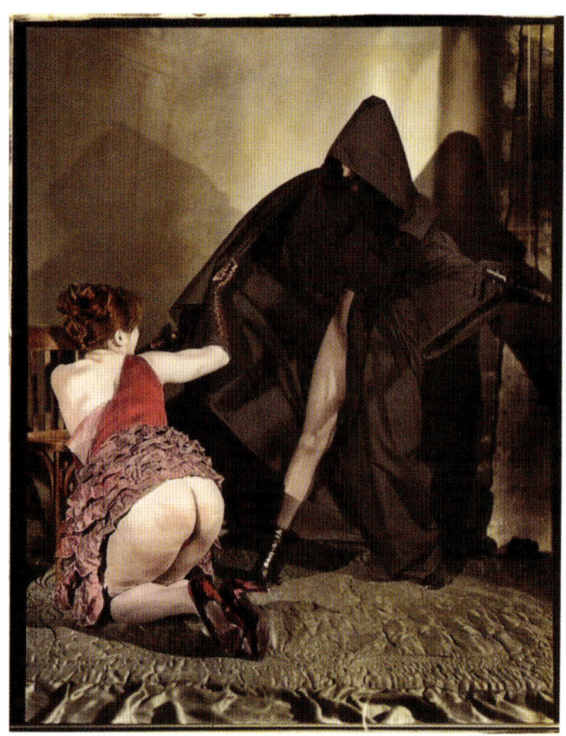

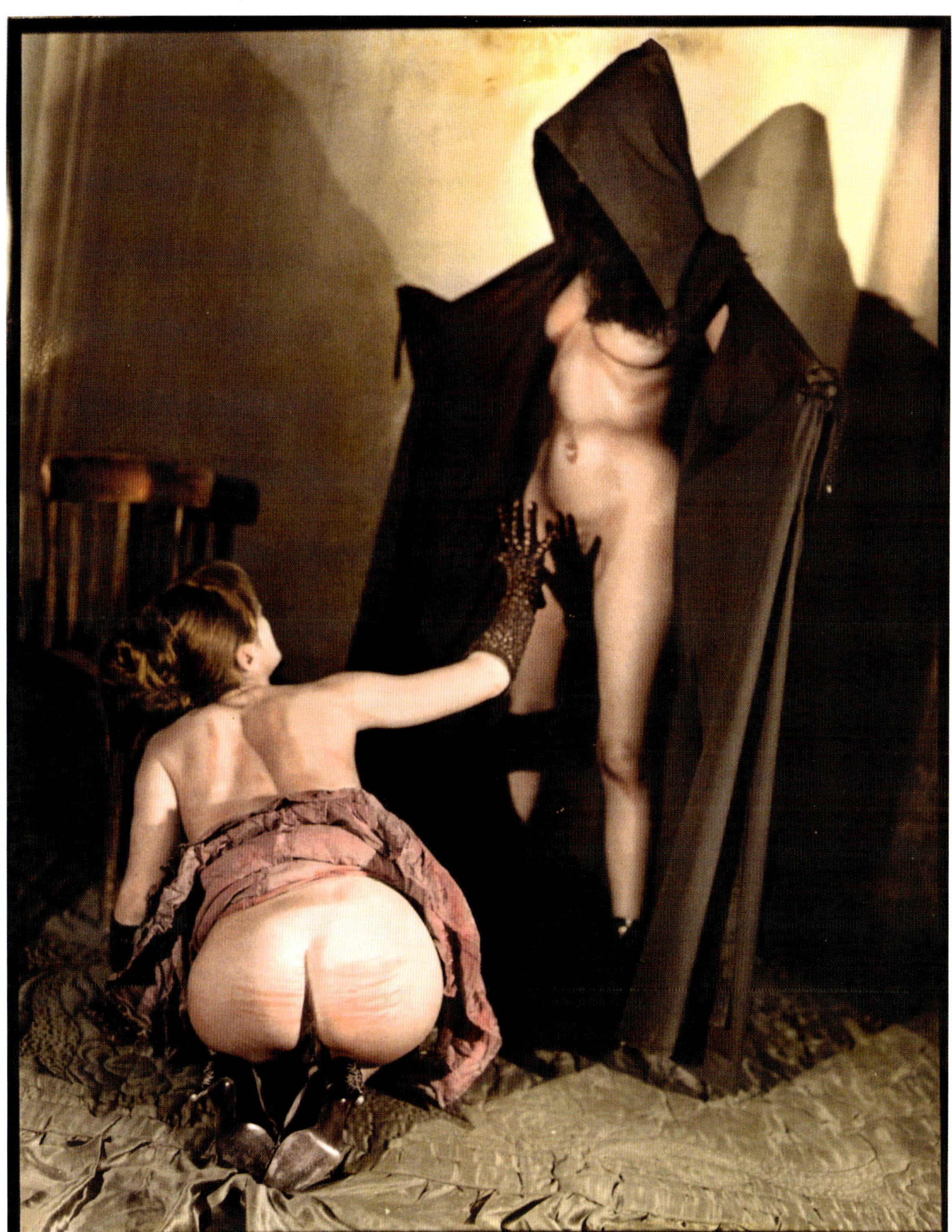

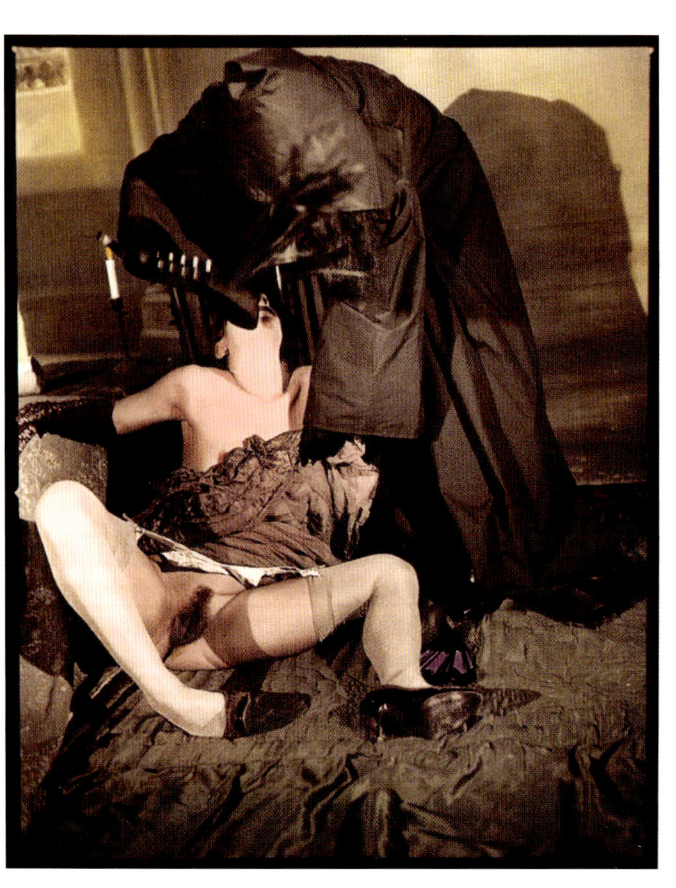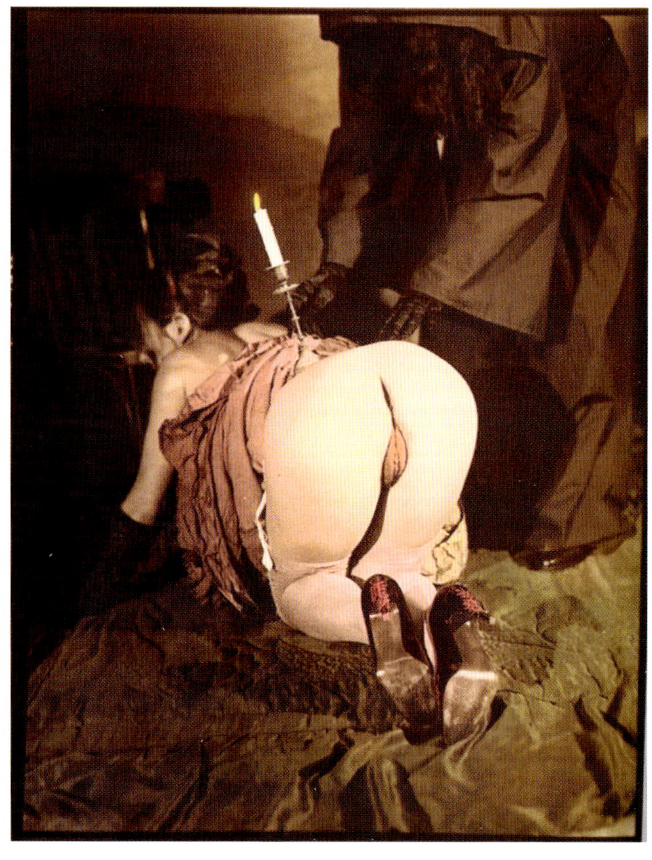

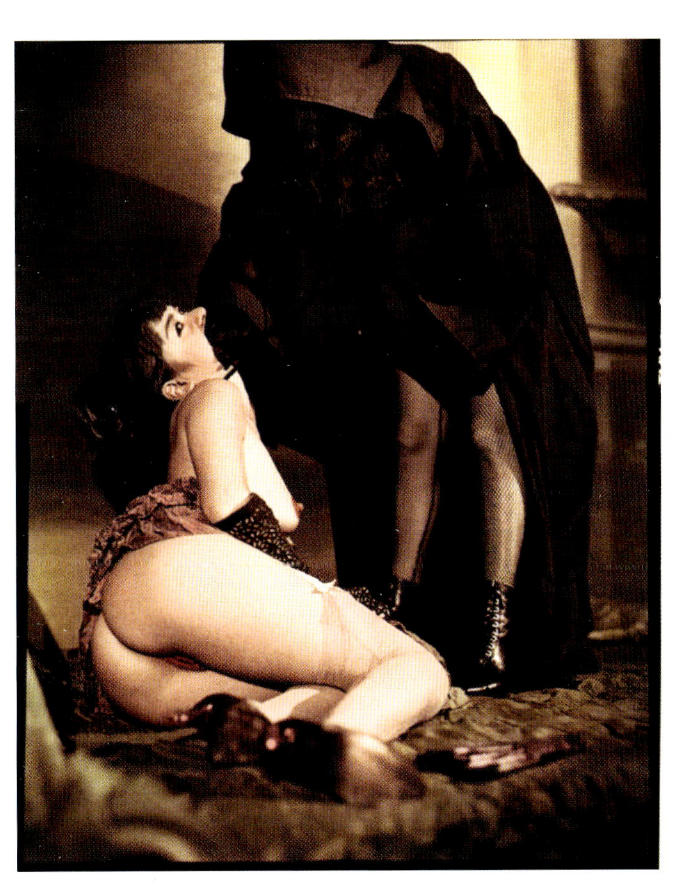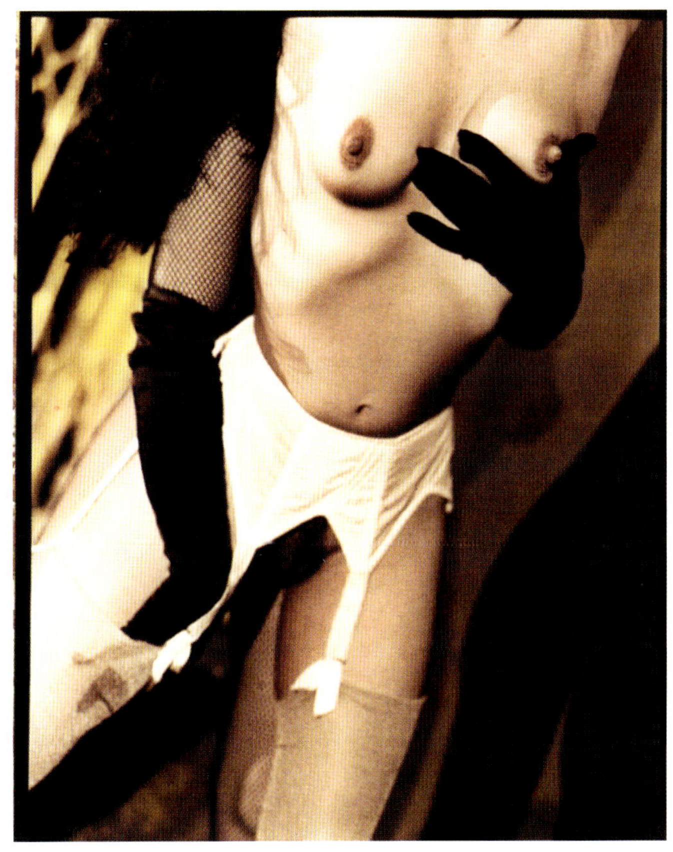

# L' ÉDUCATION DE SCARLETT

## Die Erziehung von Scarlett

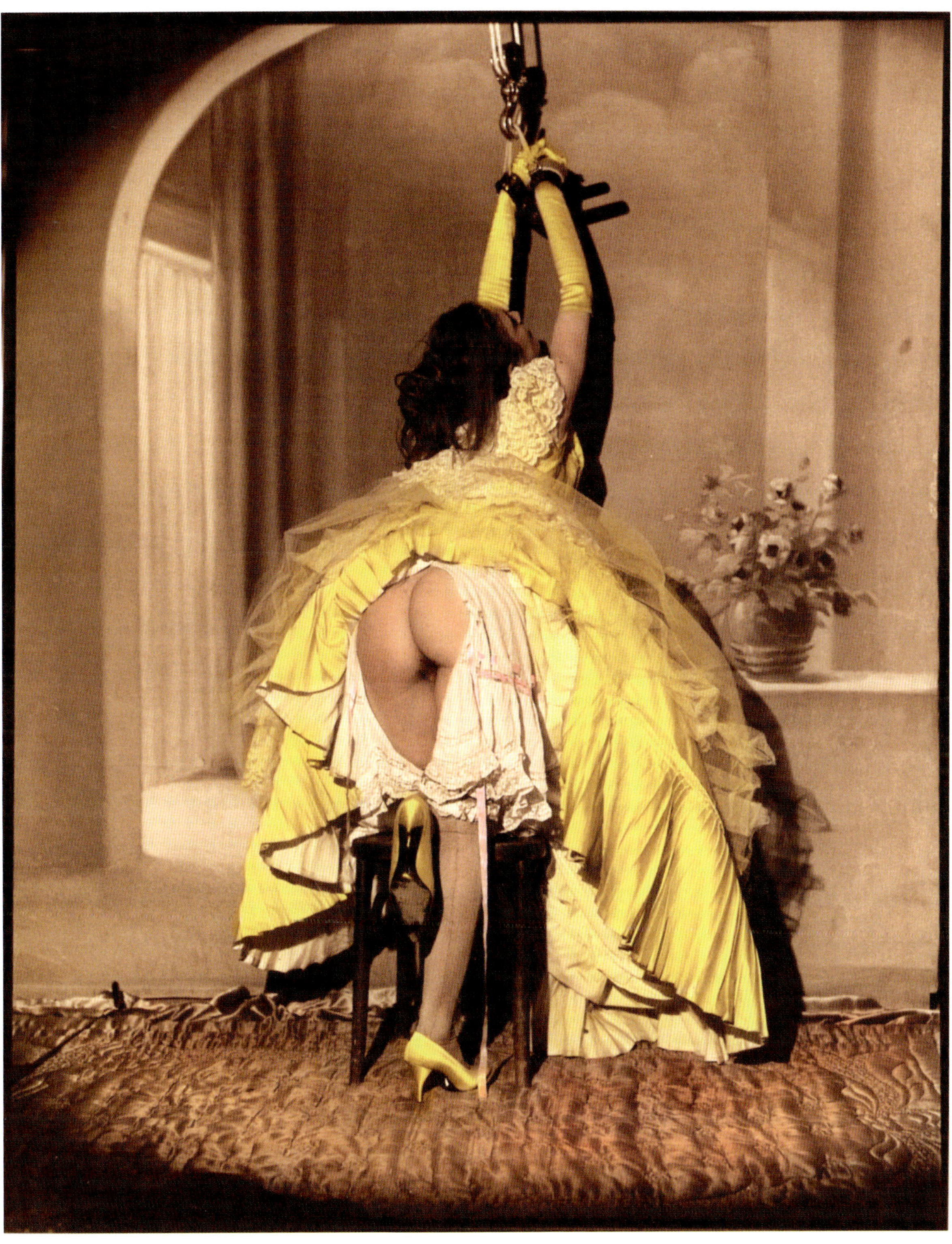

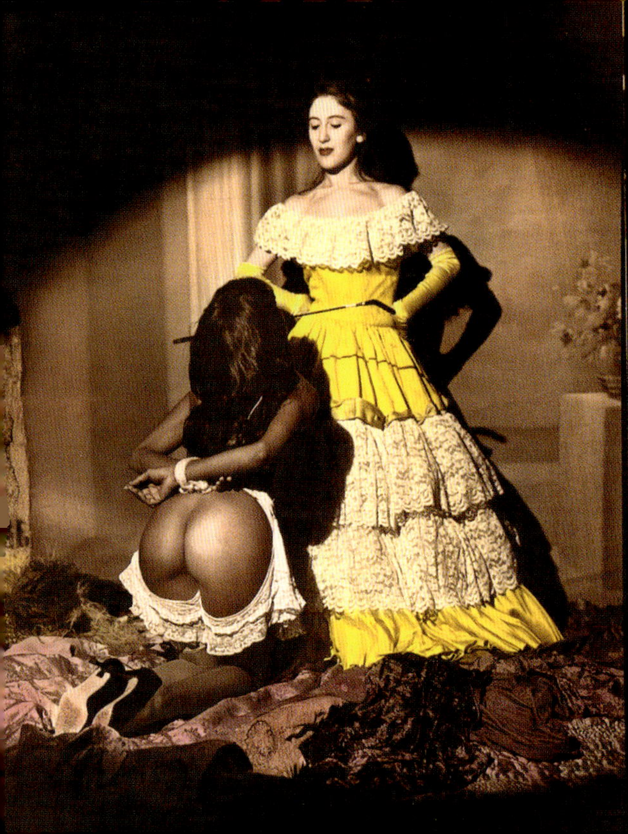

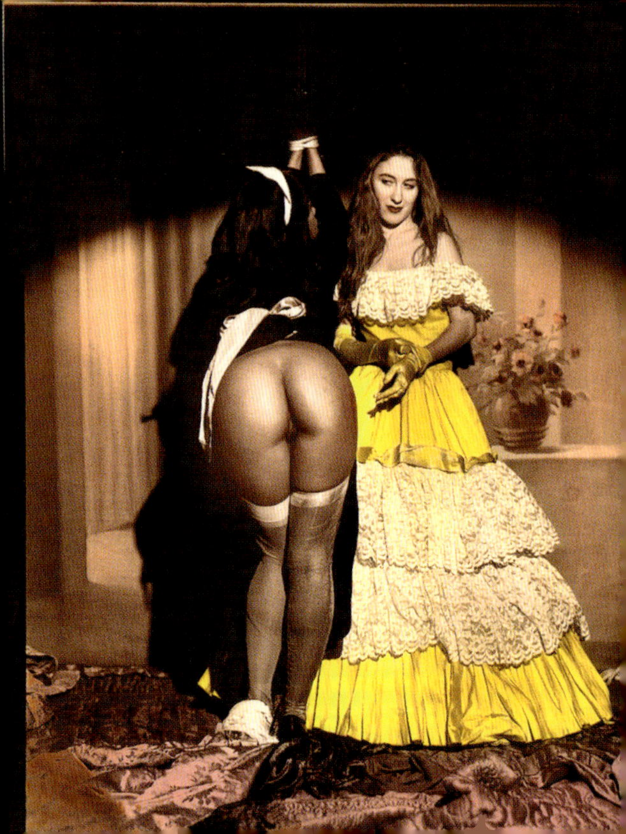

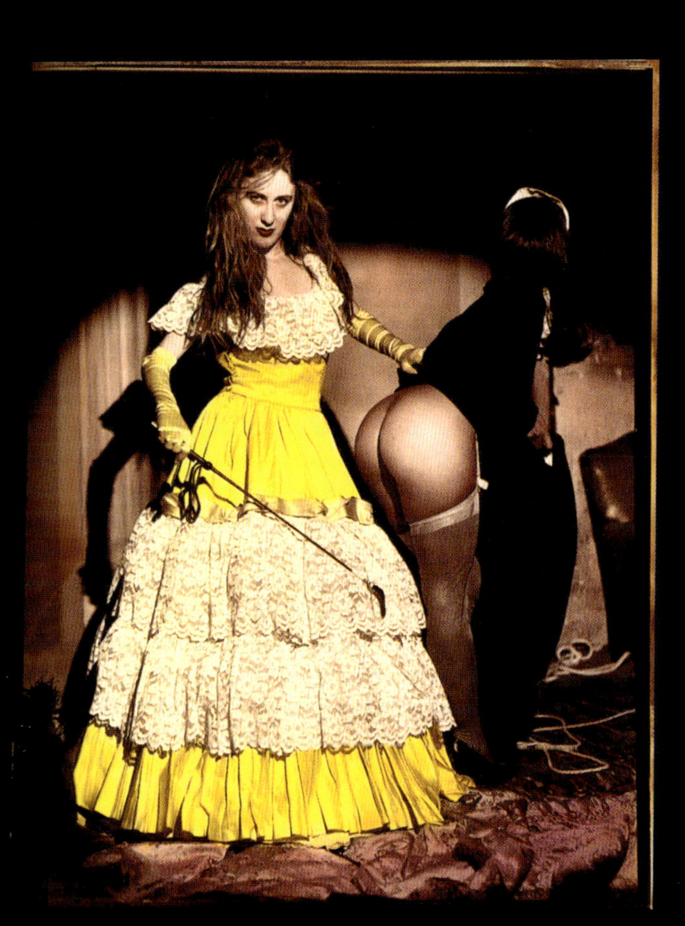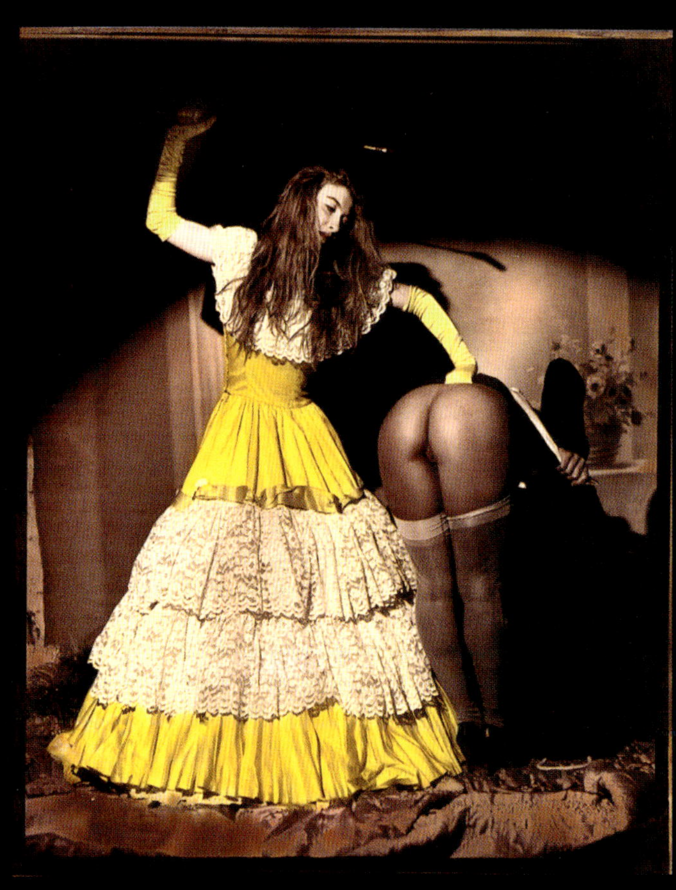

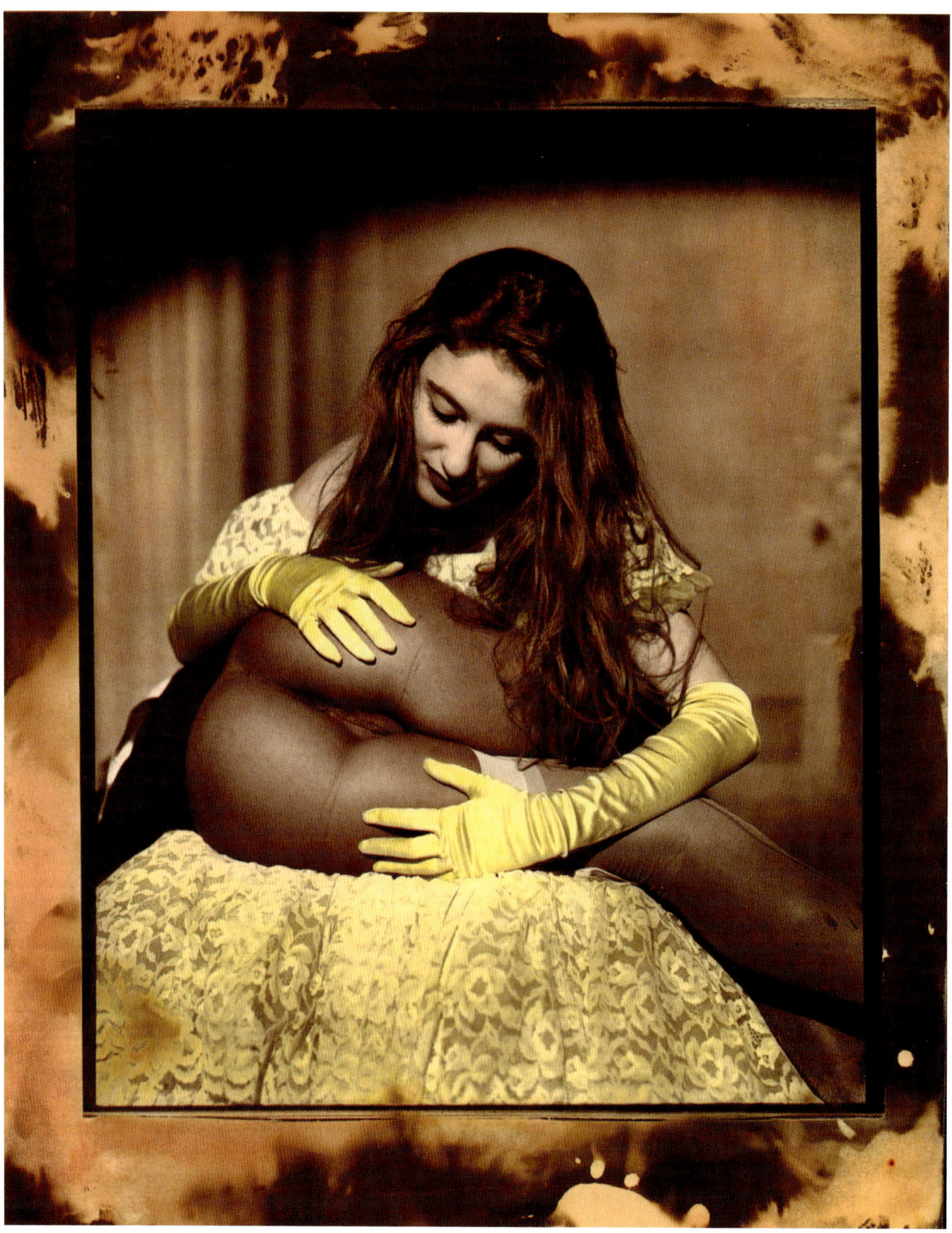

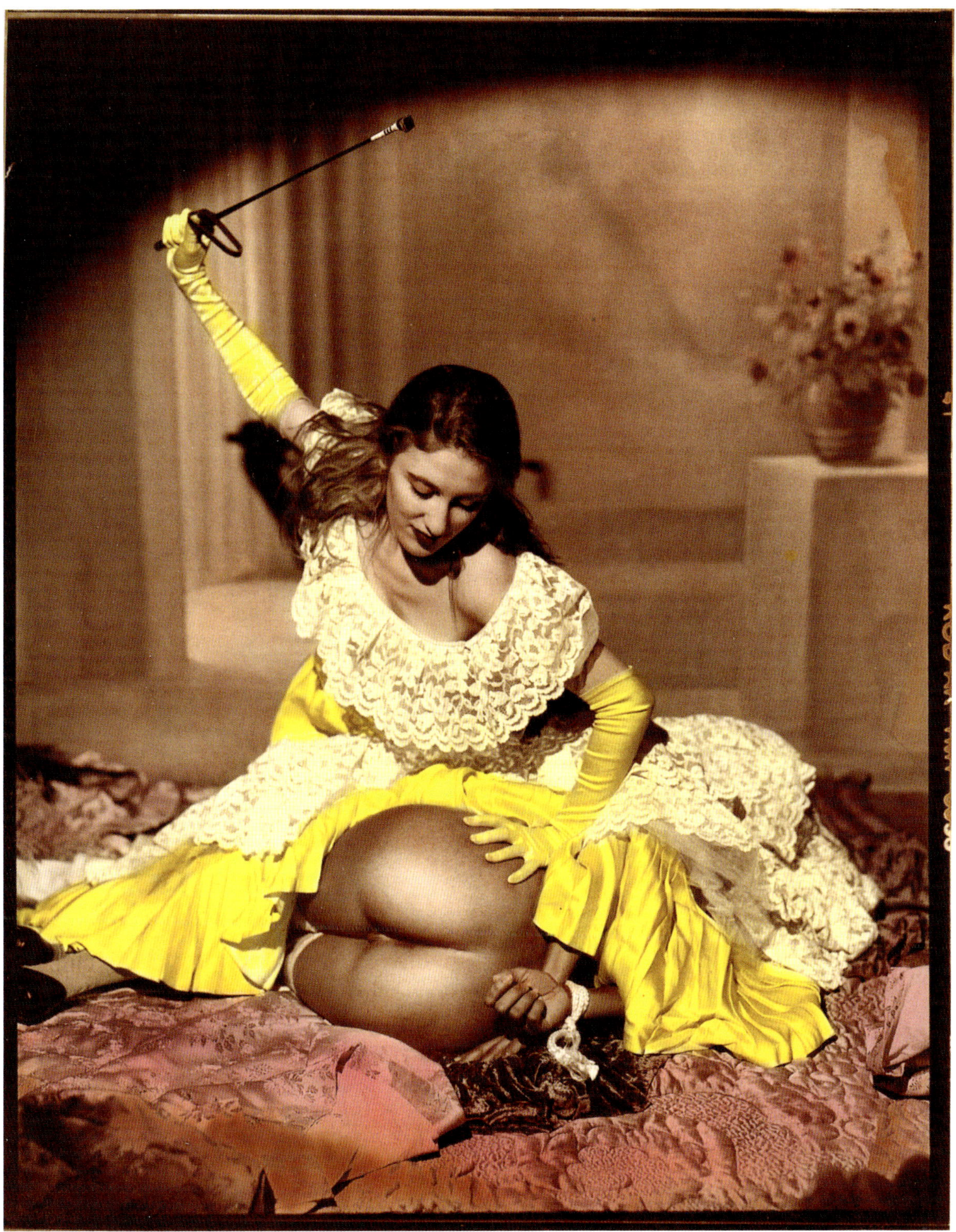

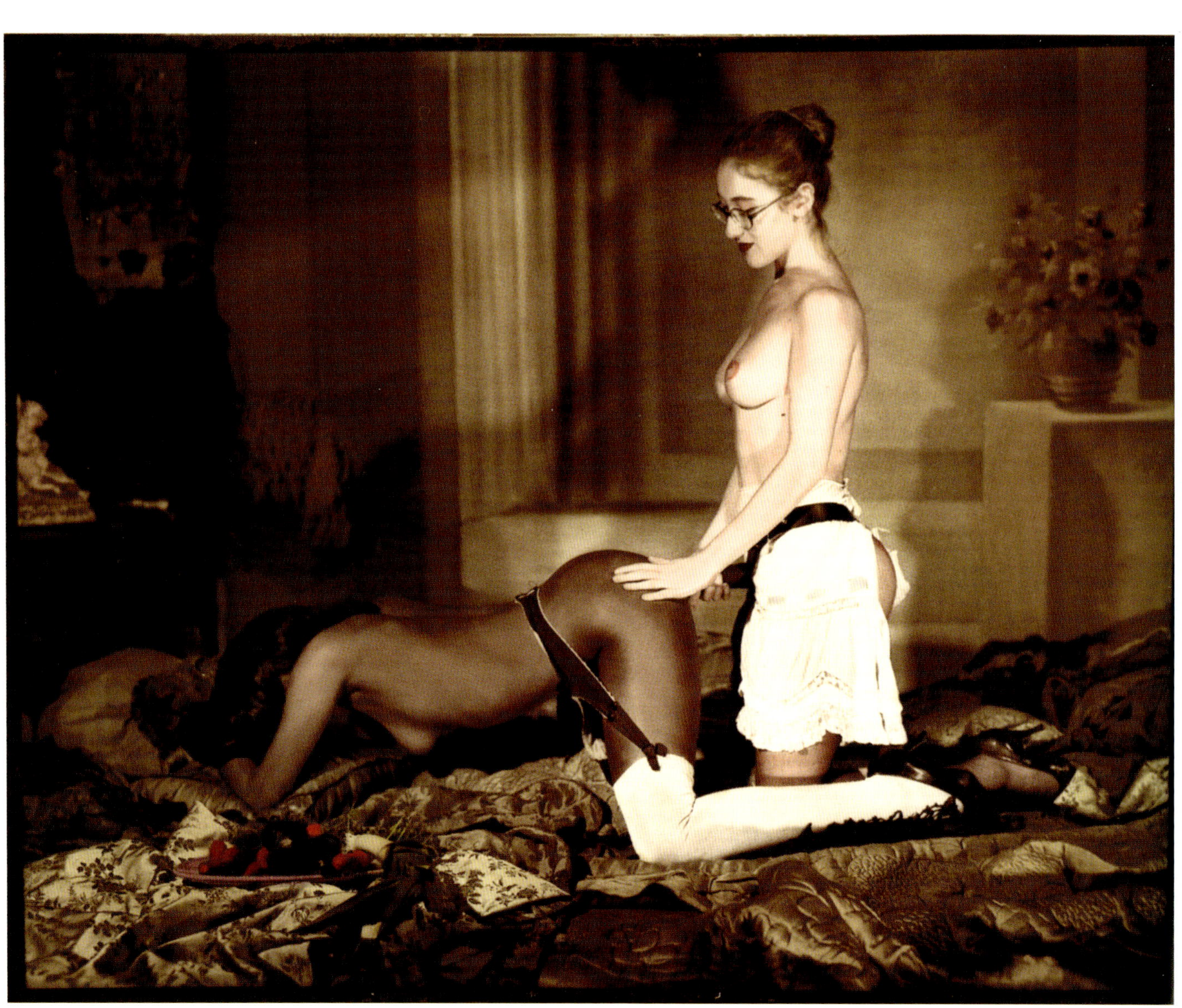

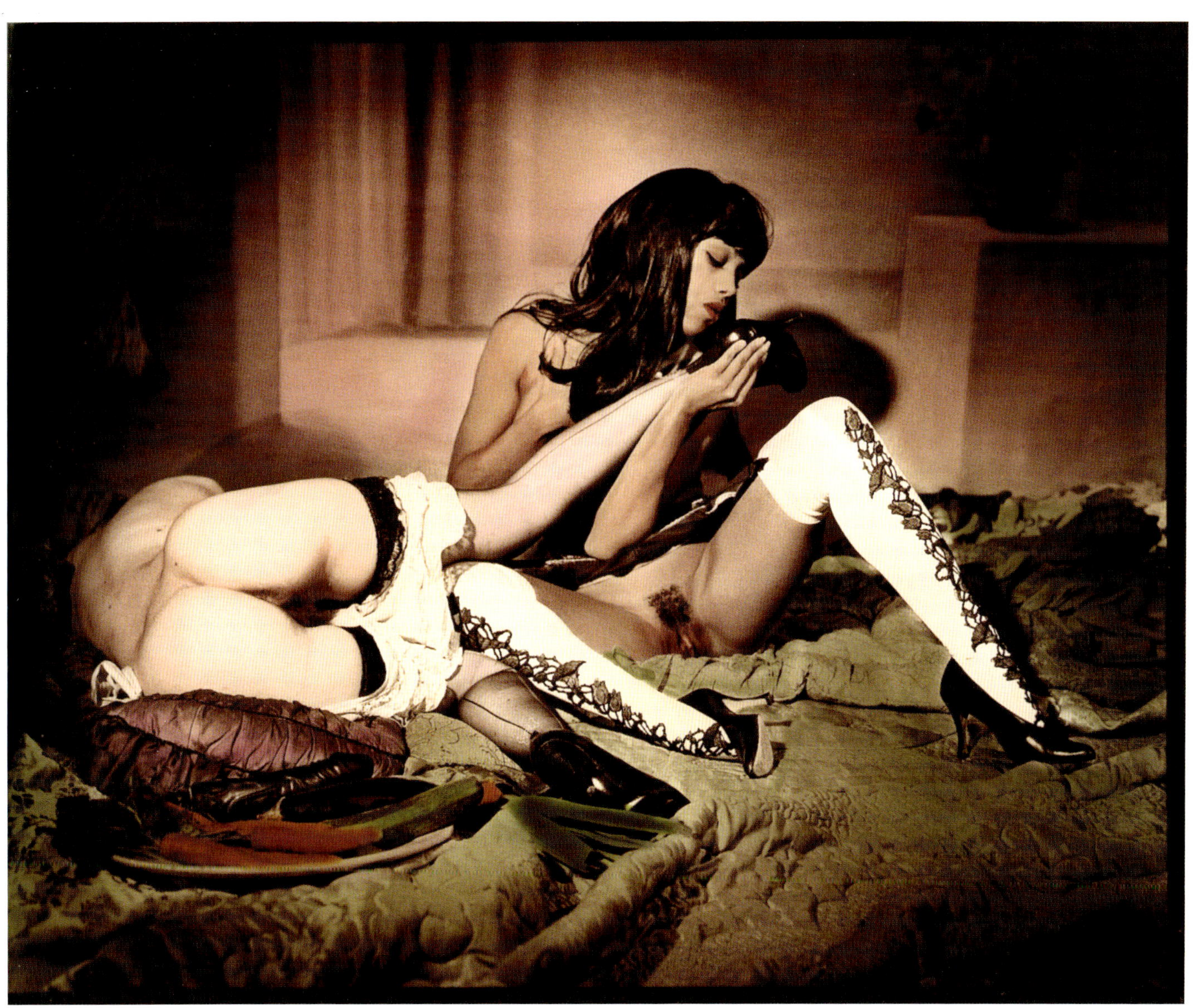

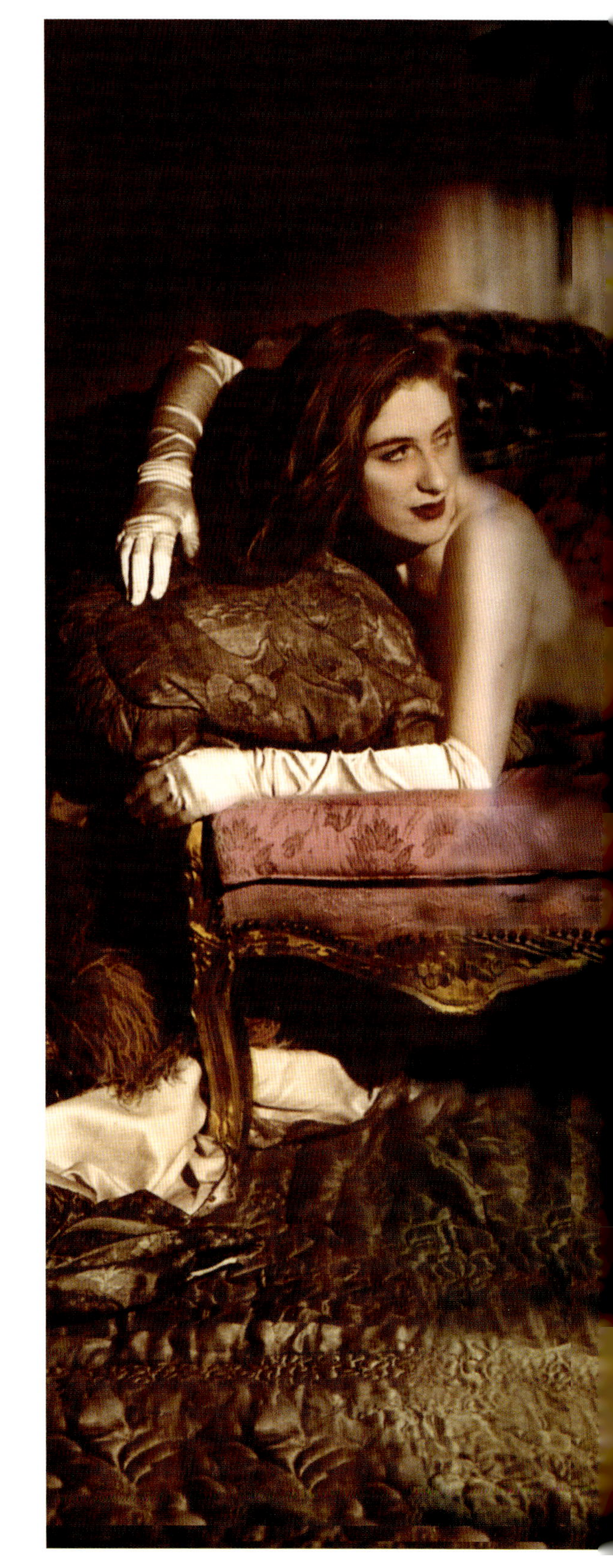

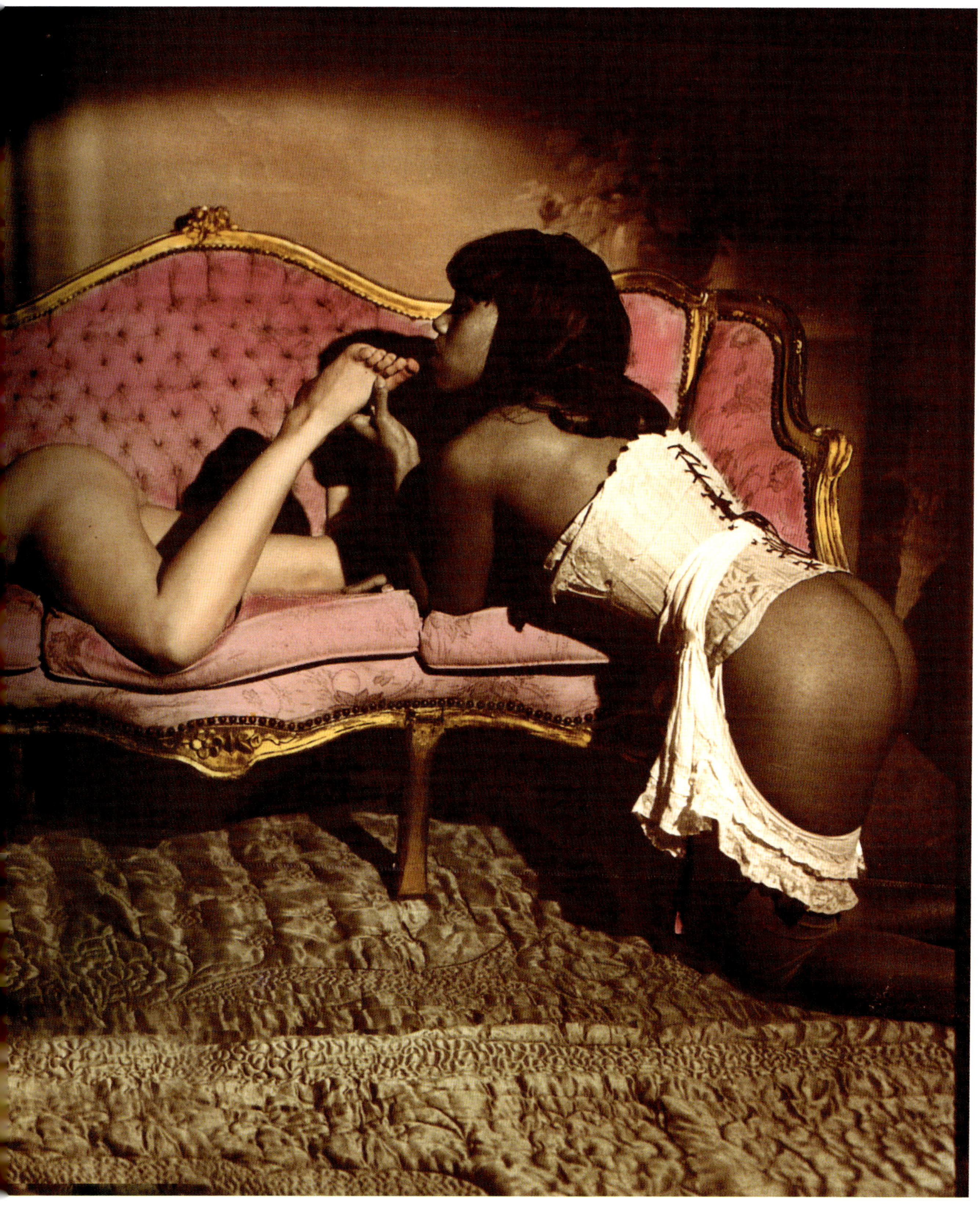

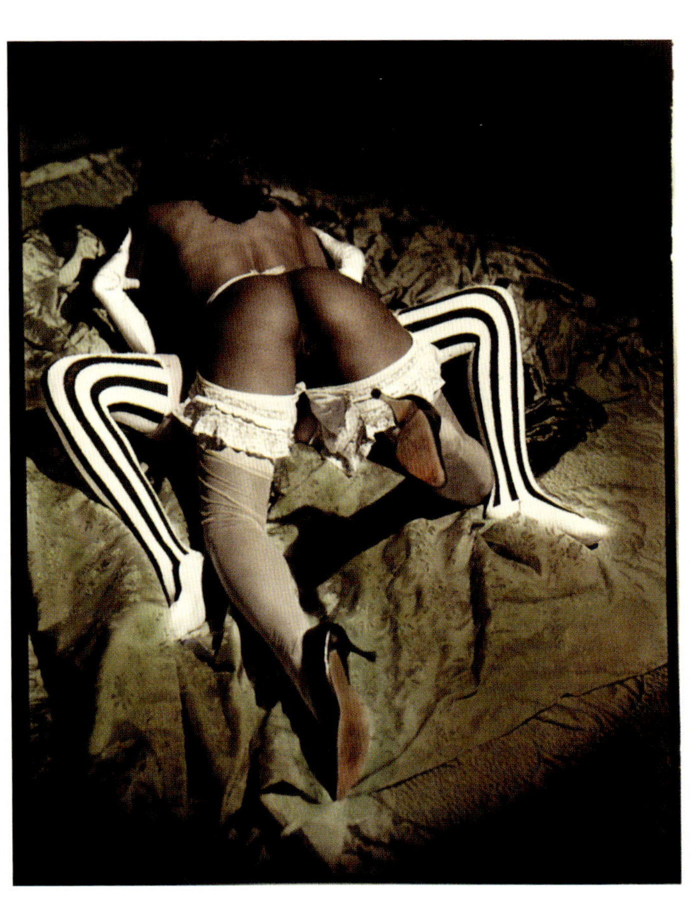
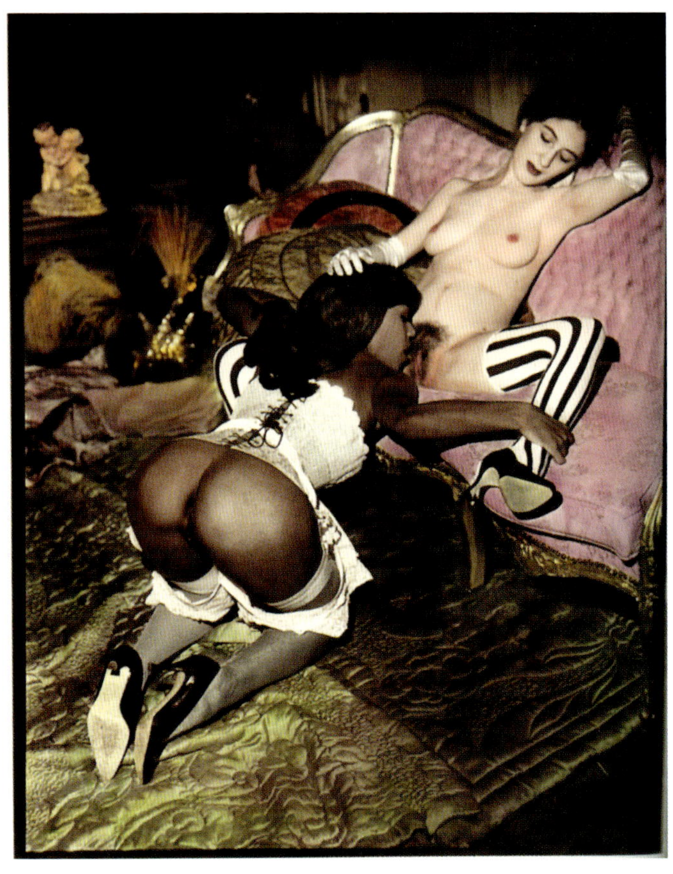

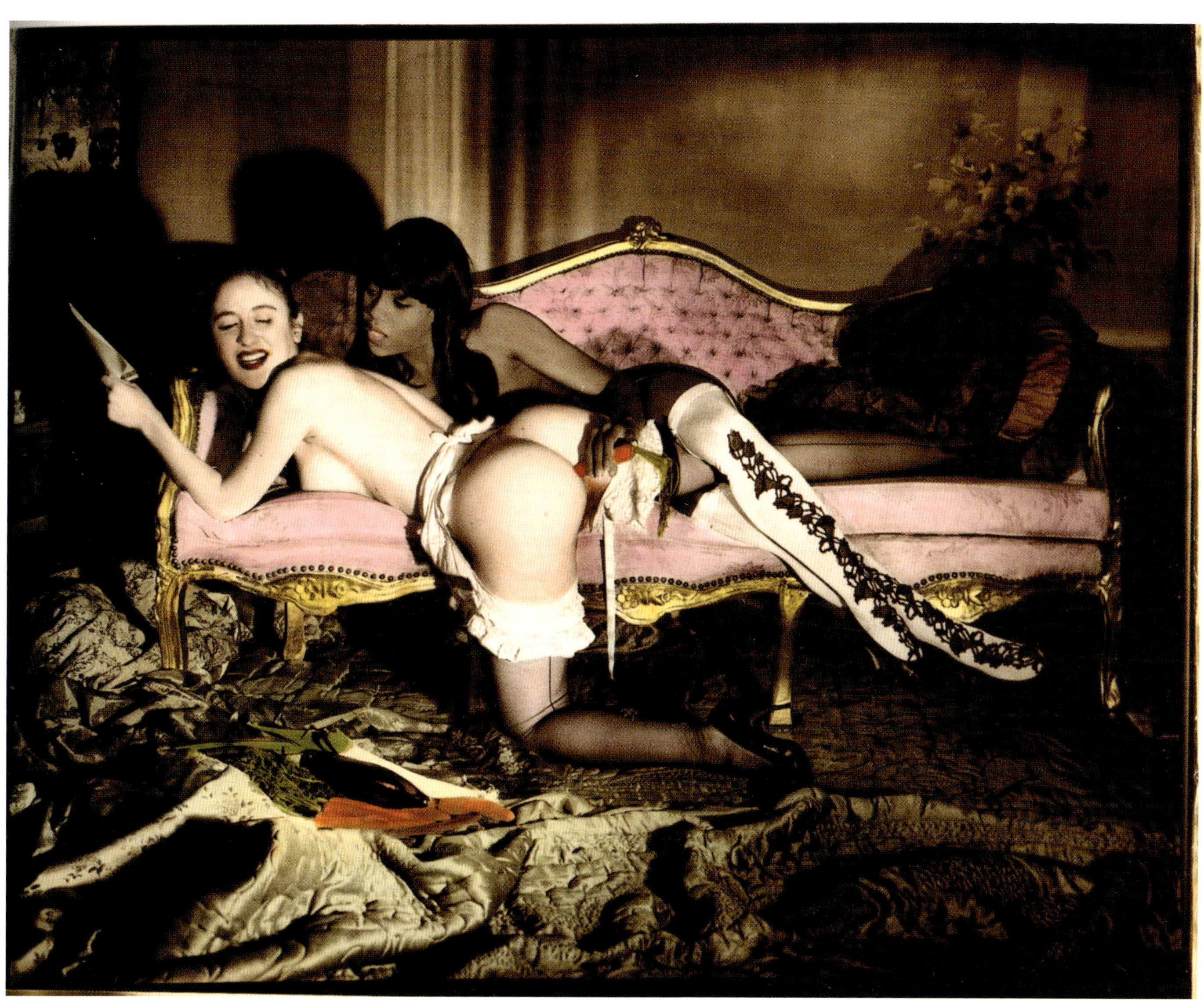

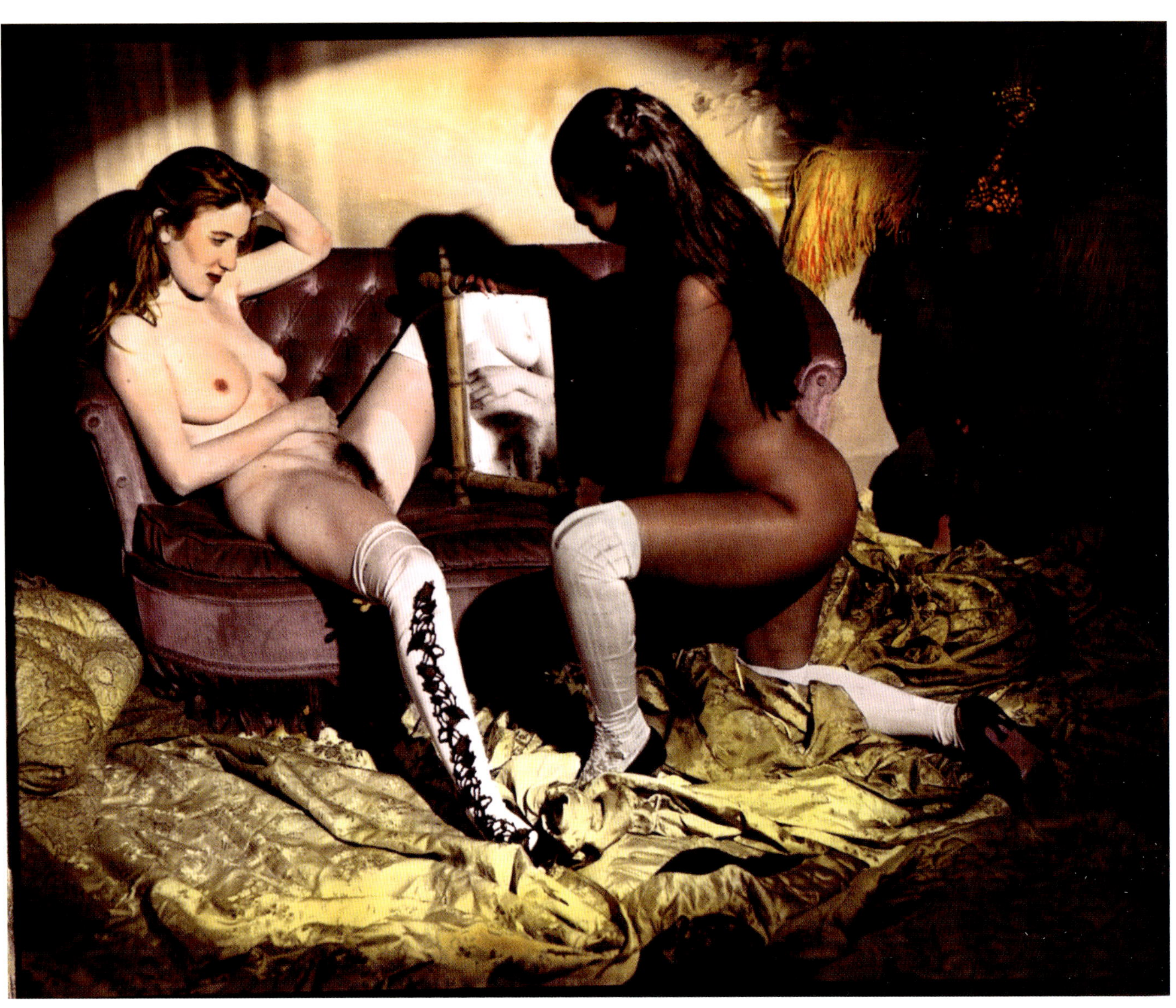

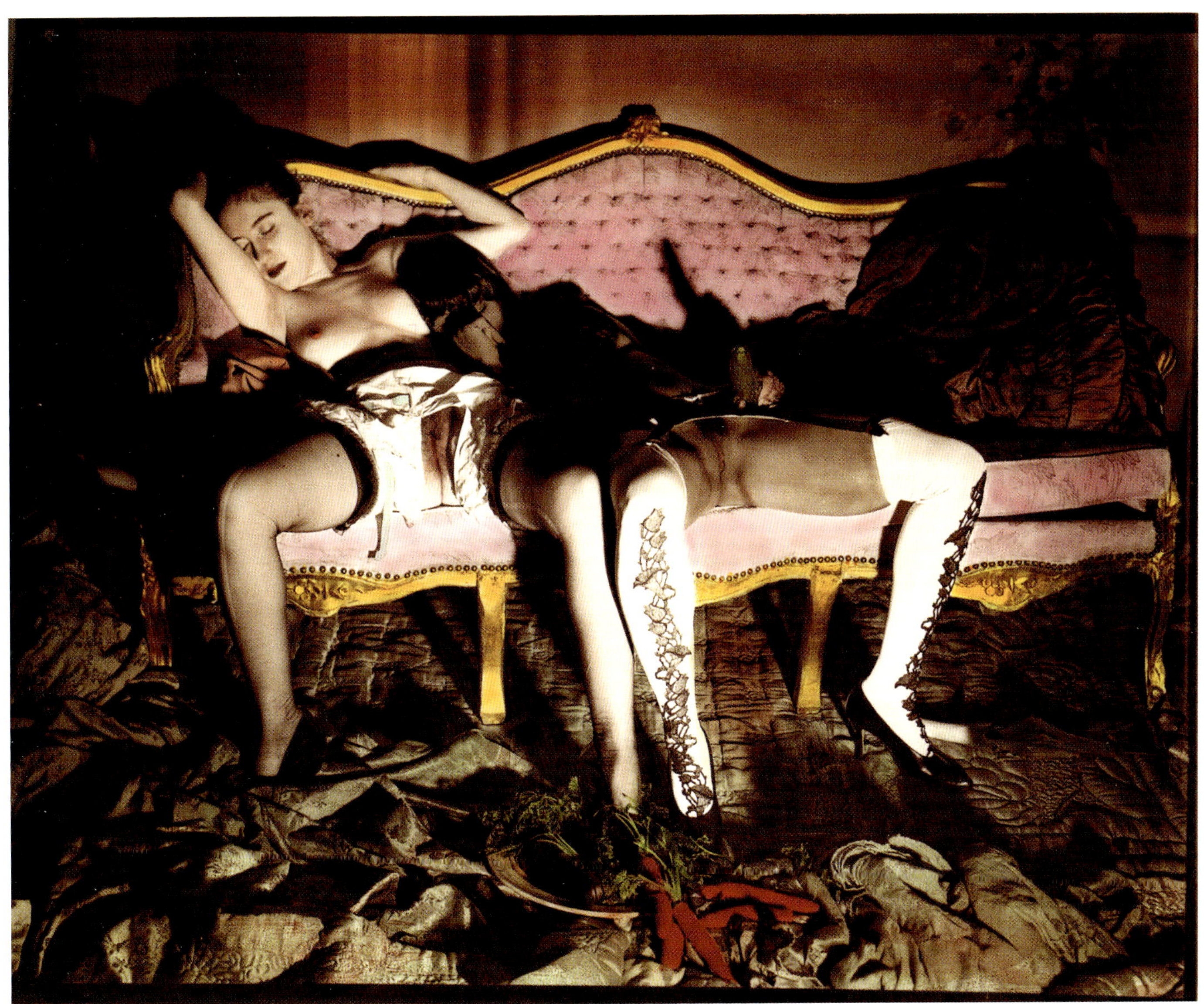

# LE LYS DANS SON BOUDOIR

## Die Lilie im Boudoir

*White Lily*
What Fassbinder Film is it? The one-armed
Man walks into a flower-shop and says:
What flower expresses
Days go by
And they just keep going by endlessly
Pulling you
Into the future.
Days go by
Endlessly
Endlessly pulling you
Into the future.
And the florist says:
White Lily.
(Laurie ANDERSON)

*Cette petite langue rêche parcourait sa peau
en y traçant de menus cercles, poursuivait sa
promenade, chatouillait ses extrémités nerveuses
tout en inscrivant une trace humide sur ses cuisses.
Toutes les superpositions de tulle et de dentelles
bruissaient comme du papier de soie tandis qu'elle
cherchait pour ses jambes une position plus
confortable sur le canapé. Elle sentait comme la
langue faisait fondre son giron débordant de sève.
Sa main finement veinée s'empara du verre en
cristal posé sur la console ouvragée, le porta de ses
lèvres écarlates et elle bu, faisant couler le liquide
d'une façon fort mal élevée par les commissures des
lèvres, sur sa gorge secouée de bleuâtres, pulsations
jusque sur ses clavicules pour se perdre dans la
vallée profonde de ses seins de marbre. Ses lèvres
étaient pulpeuses et rouges, sa langue pointue
léchait le liquide pétillant, puis elle s'abandonna de
nouveau au plaisir.
Entre ses cuisses la petite créature poussait des
jappements tout en lappant le liquide comme un
automate. Dévoué et infatigable. Entre temps elle
avait appris que l'on peut dresser ces toutous à
la fourrure cotonneuse et aux amusants visages
camus, favoris de toutes les dames de son milieu,
avec du bouillon, du miel et autres gâteries
et qu'il suffisait de s'en frotter aux endroits
correspondants. Ce n'était plus la peine au bout de
quelque temps et le jus naturel semblait leur plaire*

*White Lily*
What Fassbinder Film is it? The one-armed
Man walks into a flower-shop and says:
What flower expresses
Days go by
And they just keep going by endlessly
Pulling you
Into the future.
Days go by
Endlessly
Endlessly pulling you
Into the future.
And the florist says:
White Lily.
(Laurie ANDERSON)

Die kleine raue Zunge wanderte über ihre Haut,
zog feine Kreise, wanderte weiter, kitzelte ihre
Nervenenden und hinterließ eine feuchte Spur
über ihren Schenkeln. Es raschelten die vielen
Lagen aus Tüll und Spitze, als sie sich bewegte,
um ihre Beine auf dem Kanapee in eine beque-
mere Stellung zu bringen. Sie spürte, wie die
Zunge ihren Schoß zum Schmelzen brachte, wie
sie überlief. Ihre feingeäderte Hand griff nach
dem Kristallglas auf verschnörkeltem Beistell-
tischchen. führte es an die Scharlachlippen und
sie trank, das heißt, sie ließ das Nass höchst un-
anständig über die Mundwinkel hinaus fließen,
über ihre Kehle rinnen, hinter der es bläulich
pulsierte. Über die Schlüsselbeine hinab ins ex-
quisite Tal zwischen ihren marmornen Brüsten.
Ihre Lippen waren geschwollen und rot, ihre
spitze Zunge leckte die prickelnde Flüssigkeit,
dann gab sie sich wieder dem Plaisir hin.
Die kleine Kreatur jaulte zwischen ihren Schenkeln und begann den Saft aufzulecken wie
ein kleiner Automat Unermüdlich und hinge-
bungsvoll. Sie wusste, dass man die Hündchen
mit dem flaumigen Fell und den possierlichen,
leicht eingedrückten Gesichtern, die bei allen
Damen ihrer Kreise überaus beliebt waren, mit
Fleischbrühe, Honigseim und anderen Lecke-
reien abrichtete, die man sich an die entspre-
chenden Stellen rieb. Nach einiger Zeit war das

*encore plus. Allez comprendre quelque chose à la nature. De temps en temps, elle était étonnée de l'opiniâtreté du petit être. Bien plus grande que nombre de ses galants ne l'avaient jamais eue. Tout spécialement en ce qui concernait leurs langues. La dame fronça son beau front blanc. La jouissance était comme une forte douleur brève. Trop abrupte et trop brève. Et non cette douce et lente agonie qu'elle avait ressentie avec son Lord.*

*Son Lord, ce bâtard ! Une seule larme théâtrale roula à la manière des dames sur sa Joue lisse et le petit chien se mit en hâte pour la lécher.*

*Elle ricana amèrement. Son Lord, son époux, son tourment. Comme il se hâtait dès l'aube de quitter la maison, ses bottes de cheval brillantes caressaient le sol de marbre du hall. Son cul, ah ! Si ferme et si muscle dans ses culottes de cheval en velours, sa chevelure noire bouclée flottant sauvagement sur ses épaules. Un barbare ambitieux, héritier trop tôt et qui se vautrait maintenant dans l'inconscience de sa richesse. Comme il quittait la maison à la hâte pour aller surveiller les domestiques, hélas, les domestiques. Elle savait bien qu'il allait voir les filles de cuisine, se promenant dans les buanderies. Avec ce sourire inimitable, aussi méprisant que charmant, qui faisait fondre les cœurs de toutes ces stupides femelles. Et pas seulement leurs cœurs. Certains jours, elle le savait maintenant, il avait l'habitude de s'envoyer trois de ces veaux comme d'autres tirent des faisans. Il était insatiable et plein d'une énergie enflammée qui lui faisait accomplir des exploits dans tous les sens du terme. Repos ou épuisement lui étaient des pays étrangers. Depuis qu'ils vivaient dans leurs mondes différents, elle dans ses oubliettes froides, et artificielles ou il l'avait exilée, lui dans son rêve de Lord campagnard sauvage et ravageur, elle était parfois témoin de ces heures du berger et elle s'infligeait de voluptueux tourments en y repensant.*

*Elle avait guetté par une porte entrebâillée. Il y avait bien sûr les dindes plumées, têtes pendantes sur le bord de la table, les légines soigneusement laves et épluchés, les petites cailles mijotant sur la flamme, les chaudrons de cuivre et les terrines rangées par centaines le long des murs, mais dans tout cette superfluité qui clamait la richesse et le*

nicht mehr nötig, und der natürliche Saft schien ihnen noch mehr zu behagen. Versteh einer die Natur. Sie wunderte sich ab und an über die Ausdauer des kleinen Wesens. Mehr als viele ihrer Galane je gehabt hatten. Speziell, was ihre Zungen betraf. Die Dame runzelte ihre schöne weiße Stirn. Der Genuss war eher ein scharfer, kurzer Schmerz. Zu abrupt und zu kurz. Nicht das süße Dahinsterben, das sie bei ihrem Lord empfunden hatte.

Ihrem Lord, diesem Bastard. Eine einzelne theatralische Träne rann damenhaft über ihre glatte Wange, und das Hündchen bemühte sich eiligst, sie abzulecken.

Sie schmunzelte bitter. Ihr Lord, ihr Gatte, ihre Qual. Wie er am frühen Mittag aus dem Haus eilte, die polierten Reitstiefel liebkosten den Marmorboden der Halle. Sein Hintern, ach so straff und muskulös in den samtenen Reithosen, das schwarze gelockte Haar wild über die Schultern wehend. Ein ehrgeiziger Barbar, der zu früh zu Reichtum gelangt war und nun besinnungslos darin schwelgte. Wie er aus dem Haus eilte, um nach dem Gesinde zu sehen, ha!, nach dem Gesinde. Sie wusste wohl, dass er zu den Mägden in die Küche ging, durch die Waschküchen schlenderte. Mit diesem unnachahmlichen, gleichermaßen verächtlichen wie charmanten Lächeln im Gesicht, das die Herzen aller dummen Weiber zu schmelzen schien. Und nicht nur ihre Herzen. An manchen Tagen, das wusste sie nun, pflegte er mehr als drei dieser Weibchen flachzulegen, wie andere Fasane schlachten. Er war unersättlich und voll lodernder Energie, die ihn in jeder Beziehung zu Höchstleistungen trieb. Ruhe oder Mattigkeit waren ihm fremde Länder. Seit sie in ihren verschiedenen Welten lebten, sie in ihrem kühlen artifiziellen Verlies, in das er sie verbannt hatte, er in seinem wilden, verzehrenden Landlordtraum, war sie mehr als einmal Zeugin dieser Schäferstündchen geworden, und sie quälte sich immer wieder wollüstig mit der Vergegenwärtigung derselben.

Durch einen Spalt in der Tür hatte sie gesehen. Nicht nur gerupfte Truthähne, deren Köpfe

*gaspillage il y avait aussi son Lord, ses culottes
de cheval baissées jusqu'aux genoux. Comme il
labourait une banne, jetée a plat ventre sur une
table en bois. On ne pouvait décrire ça autrement.
Habituellement, il s'emparait d'une fille qu'il avait
choisie et faisait jaillir ses seins hors de son corsage,
tout en enjoignant aux autres d'un geste grandiose
de quitter la pièce, ce que toutes ces petites oies
faisaient dans un ricanement général avec toutes
sortes d'allusion. Grosses idiotes.*

*Elle les imaginait, troupeau bêlant et se pressant
devant le trou de la serrure. De son côté le Lord
ordonnait à sa trop consentante victime de se
retourner, il la troussait sans ménagement et lui
donnait une claque sur le derrière comme à une
belle jument. Il se mettait à la saillir brutalement
en poussant des cris, le visage déformé, sa noble tête
rejetée dans la nuque, sa crinière lui masquant le
visage.*

*Ciel, qu'il était beau. Un fauve en rut
s'abandonnant à sa nature. Elle-même ne savait
plus ce qu'était l'innocence. Il terminait dans un
cri de plaisir rauque, déchaîne, comme il n'en avait
jamais poussé avec elle et se détendait aussi vite.*

*La plupart du temps, ces servantes étaient des filles
de la campagne, lourdes, mal dégrossies, leur chair
rebondie faisait presque craquer les tabliers. Vastes
hanches et seins s'élevant et s'abaissant en rythme
qui lui rappelaient désagréablement des mamelles.
Les bonnes en chaleur grognaient et soupiraient
presque plus fort que lui. Elles se sentaient flattées
et tout de suite heureuses. Elle eût aimé être assez
charnue, mal équarrie et stupide pour se faire
monter comme une vache par son Lord qu'elle
désirait.*

*Puis, ricanant de nouveau, il baissait les jupes de la
créature défaite en la gratifiant de quelques petites
tapes ironiques sur les fesses et se laissait ensuite
baiser les mains, les bagues et d'autres parties du
corps par ces femmes épuisées, ce que ces filles sans
honneur faisaient avec un dévouement qui la faisait
frémir d'horreur. Les fois où elle avait pu être
témoin de ces jeux, voyeuse en détresse, le giron
mouille et le cœur en folie elle s'était enfuie dans ses
appartements, s'était jetée sur le lit et avait attrapé
le petit chien. Puis, rouge de honte elle avait enfoui*

abwärts über den Tisch hingen, das sorgfältig
geputzte Gemüse, die Wachtelchen, die über
der Flamme schmorten, die kupfernen Kessel
und Terrinen, zu hunderten aufgereiht an den
Wänden, nein, in all dem Überfluss, der von
Reichtum und Verschwendung zeugte, hatte sie
auch ihren Lord gesehen. Die Reithosen um die
Knie schlotternd. Wie er eine bäuchlings über
den Holztisch geworfene Magd beackerte, an-
ders konnte man es nicht nennen. Er pflegte die
jeweils auserkorene Maid zu packen, zerrte ihre
Brüste aus dem Mieder, herrschte die anderen
mit einer einzigen großartigen Handbewegung
an, den Raum zu verlassen, was die Gänschen
unter vielerlei Anzüglichkeiten und Gekicher
taten. Die dummen Dinger.

Sie stellte sich vor, wie sie sich draußen als
dümmlich gurrender Haufen vor dem Schlüs-
selloch drängten. Dann hieß er sein allzu
williges Opfer sich umdrehen, schlug ohne
Umschweife die Röcke hoch, klatschte ihr auf
die Hinterbacken wie einer rossigen Stute und
begann sie derb und unter vielerlei Flüchen zu
stoßen. Das Gesicht verzerrt, den edlen Kopf in
den Nacken geworfen, das Haar wirr im Gesicht.

Himmel, er war so schön. Ein böses hungriges
Raubtier, das sich unschuldig seinen Trieben
hingab. Sie selbst wusste nichts mehr von Un-
schuld. Er endete in einem rauen enthemmten
Lustschrei, wie sie ihn bei ihr nie gehört hatte,
und entspannte sich prompt.

Die Mägde waren meist feiste, ungeschlachte
Mädchen vom Land, deren pralles Fleisch beinahe die Schürzen sprengte. Breite Hüften und
wogende Brüste, die sie unangenehm an Euter
erinnerten. Die Mägde grunzten und seufzten
beinahe noch lauter als er. Sie fühlten sich ge-
schmeichelt und augenscheinlich befriedigt. Sie
wünschte, sie wäre an deren Stelle gewesen, sie
wünschte, sie wäre fleischig, derbknochig und
dumm genug, sich von ihrem Lord wie eine
Kuh besteigen zu lassen. Sie wünschte.

Danach ließ er dem aufgeregten Geschöpf
wieder grinsend die Röcke runter, tätschelte
nochmal ironisch den Hintern und ließ sich

*son visage mouille de larmes dans ses coussins brodés à ses initiales.*

*Son époux, cela elle en était convaincue, La respectait comme on respectait un bijou de prix, une statue de marbre, un beau coursier. Et en effet ses membres déliés étaient bien ceux d'un pur-sang. Elle s'en rendait bien compte quand elle évoluait, nue, couleur d'albâtre, devant son grand miroir en pied. Un corps comme sculpté jusque dans le plus petit détail et jusqu'à la perfection. La douce ligne incurvée de ses flancs, de ses seins, petits, mais de la forme et de la consistance la plus fine. Son cul, arrondi, comme il devait l'être, une pomme bien lisse, tendu et blanc comme tout le reste. Elle était belle d'un façon intimidante, et en même temps si pleine de désir qu'elle semblait éclater. Ses seins menaçaient d'exploser avec leurs pointes roses, son giron voulait se répandre comme une corne d'abondance. Dans le vide. Mais où était son cavalier ? Ou était son cavalier, qui ne la laissait pas courir plus longtemps sauvagement, mais lui tiendrait la bride haute d'une main douce et ferme ? Au dîner avec son époux, a la longue table classique, a la lueur des lustres qui la faisait paraître encore plus idéale, ils s'adonnaient à l'art de la conversation. Mais l'admiration et le respect qu'elle voyait dans ses yeux la brûlaient et la faisaient fondre jusqu'à la rendre profondément mélancolique. Ils savaient tous deux, ils savaient pourquoi il la dédaignait, pourquoi il lui préférait la chair bonne marche des petites putes. « Mépris », disait-il souvent, et il tournait le verre d'une façon sensuelle entre ses doigts puissants et nerveux. Elle aurait voulu mourir pour être ce verre. «  Le mépris est l'élixir dont se nourrit le plaisir, ma chère, mais toi, tu es tellement noble. Qui pourrait jamais te mépriser, ma déesse, mon bijou, mon lys ? Qui pourrait jamais oser souiller ta beauté ? »*

*Puis, il comparait les différentes parties de son corps en se servant de tout un galimatias poétique jusqu'à ce qu'elle devienne exsangue. Effectivement, il comparait toujours son pauvre sexe mépris avec le calice parfume du lys. Trop pur, trop aimable pour l'animalité. Son Lord n'était pas que son Tout, il était aussi un grand bavard avec une queue plutôt petite, ricanait-elle à*

alsdann von der glücklich Ermatteten die Hände, die Ringe oder andere Körperteile küssen, was diese ehrlosen Dinger mit einer Hingabe taten, die sie erschaudern ließ. Jene Male, die sie Zeugin dieser Spiele geworden war, eine hilflose Voyeurin, war sie mit nassem Schoß und rasendem Herzen in ihre Gemächer geeilt, hatte sich aufs Bett geworfen und nach dem Hündchen gegriffen. Danach hatte sie mit schamrotem Gesicht in die Kissen geweint, die alle seine Initialen trugen.

Ihr Gatte, dessen war sie sich gewiss, verehrte sie, wie man ein erlesenes Schmuckstück verehrt, eine Marmorstatue, ein edles Ross. Und tatsächlich waren ihre Arm- und Fußgelenke die einer edlen Stute. Wenn sie nackt und alabasterfarben sich vor ihrem hohen Spiegel drehte, musste sie es zugeben. Ein Körper, der bis ins kleinste Detail perfekt und wie gemeißelt war. Die sanft geschwungene Linie ihrer Flanken, ihre Brüste klein, aber von feinster Form und Konsistenz. Ihr Hintern gerundet, wie er sein sollte, ein praller Apfel, und straff und weiß der ganze Rest. Sie war fast einschüchternd schön, dabei so voller Begierde, dass sie zu bersten schien. Ihre Brüste mit den rosa Spitzen drohten zu platzen, ihr Schoß wollte sich wie ein Füllhorn ergießen. In die Leere. Doch wo war ihr Ritter? Wo war ihr Reiter, der sie nicht länger wild laufen ließ, sondern unter seiner Hand, in zarter Kandare zur Ruhe kommen ließ. Beim allabendlichen Dinner mit ihrem Gatten, an klassisch langer Tafel, im Lüsterschein, der sie noch überirdischer erscheinen ließ, pflegten sie gelungene Konversation zu machen. Doch die Bewunderung und die Ehrfurcht, die sie in seinen Augen sah, ließen sie immer wieder heiß und feucht und unerträglich melancholisch werden. Sie wussten es beide. Sie wussten, warum er sie verschmähte, warum er das billige Fleisch der Hürchen bevorzugte. «Verachtung», pflegte er zu sagen, und drehte aufreizend das Glas in seinen starken sehnigen Händen, sie hätte sterben mögen, um dieses Glas zu sein. «Verachtung ist das Elixier, aus welchem die Lust sich nährt, meine Liebe,

*part soi. Mais il avait suffisamment d'atouts pour l'enflammer, et elle se rappelait aussi ses lèvres, sa langue, ses mains. Debout devant lui, elle brulait comme une torche. Un lys parfumé, grotesque. Quand elle se regardait dans la glace en écartant les cuisses elle y voyait un petit animal a fourrure noire, la gueule rouge grande ouverte. Obscène et affame. Si affame.*

*Elle aurait voulu lui presser son sexe sale contre le visage pour lui dévoiler sa vraie nature, qu'il méprisait d'une façon si éhontée.*

*Elle se remémora sa nuit de noces. La seule fois qu'il lui avait été donné d'être sa femme. Comme elle s'était arrachée les vêtements du corps et s'était roulée ardemment sous et sur lui. Ses mains et sa bouche partout sur elle et en elle. Son sexe merveilleusement dur qui poussait et poussait. Elle avait l'impression qu'un troupeau de pur-sang sauvages lui galopait dans les veines. Comme les heures passaient dans l'ivresse ! Elle n'avait pas pu s'arrêter d'embrasser et de caresser ça queue pour finalement s'endormir la joue contre elle. Avec un humour noir, elle se rappela que le cri qui avait presque fait exploser son tendre corps avait été si fort que le laquais, passant juste devant la porte, en avait laissé tomber à grand fracas le plateau sur lequel il transportait le petit déjeuner.*

*Mais elle se rappela aussi douloureusement le visage de son époux le lendemain matin. San visage était empreint d'incompréhension et de gêne. « Ma chère, lui avait-il dit non sans une certaine timidité, au lieu de l'étreindre passionnément comme elle s'y serait attendue après une telle nuit, ma chère, tu es énervée et il faut te reposer. »*

*De ce moment, il ne l'avait plus touchée. San plaisir a elle avait dû lui faire peur, lui semblait-il. La femelle en elle. Il voulait l'élever sur un piédestal de marbre et se livrer à ses pieds à des rites étouffants d'amour courtois. À genoux bien entendu. À genoux elle se serait vraiment imaginée quelque chose d'autre. De temps en temps pourtant en sortant de table il l'accompagnait conscient de ses obligations dans ses apparentements où il s'acquittait rapidement et avec gêne de ses devoirs conjugaux. Il l'expédiait avec quelques timides coups de boutoir lui baisait le front et les mains en*

doch wieviel edler bist du. Wer könnte je dich verachten, meine Göttin, mein Kleinod, meine Lilie? Wer könnte je wagen, deine Schönheit zu besudeln?»

Dann verglich er ihre Körperteile mit allerlei poetischem Schnickschnack, bis sie innerlich zu verbluten drohte. Tatsächlich verglich er immer wieder ihr armes verschmähtes Geschlecht mit dem duftenden Kelch einer Lilie. Zu rein und zu lieblich für Animalisches. Ihr Lord war eben nicht nur ihr Alles, er war eben auch ein großer Schwätzer mit einem, sie kicherte in sich hinein, eher kleinen Schwanz. Aber er hatte genügt, um sie zu entflammen, und sie erinnerte sich an seine Lippen, seine Zunge, seine Hände. Nun stand sie da und loderte unsinnig vor sich hin. Eine duftende Lilie, lächerlich. Wenn sie sich vor dem Spiegel betrachtete, die Schenkel spreizte, dann sah sie ein schwarzes Pelztierchen mit rötlich klaffendem Maul. Obszön und gefräßig und hungrig. So hungrig.

Sie hätte ihm am liebsten einmal ihr ungewaschenes Geschlecht ins Gesicht gedrückt, um ihm ihre wahre Natur zu enthüllen, die er so schmählich missachtete.

Sie erinnerte sich an ihre Hochzeitsnacht. Das einzige Mal, da ihr vergönnt war, sein Weib zu sein. Wie sie sich die Kleider vom Leib gerissen und sich ungestüm unter und über ihm gewälzt hatte. Seine Hände und sein Mund überall auf ihr und in ihr. Sein wundervoll hartes Geschlecht, das stieß und stieß, bis sie meinte, eine Herde wilder Hengste würde durch ihre Adern galoppieren. Wie Stund um Stund im Rausch verflog, wie sie nicht hatte aufhören können, seinen Schwanz zu küssen und zu liebkosen, um schließlich mit der Wange daran einzuschlafen. Mit Galgenhumor erinnerte sie sich, dass ihr Schrei, der beinahe ihren zarten Körper gesprengt hätte, so laut gewesen war, dass der Page, der gerade an der Tür vorbeikam, unter großem Getöse das Geschirr hatte fallen lassen. Sie erinnerte sich aber auch schmerzlich an das Gesicht ihres Gatten am Morgen danach. Den verständnislosen und peinlich berührten Ausdruck in seinem Gesicht. «Meine Liebe»,

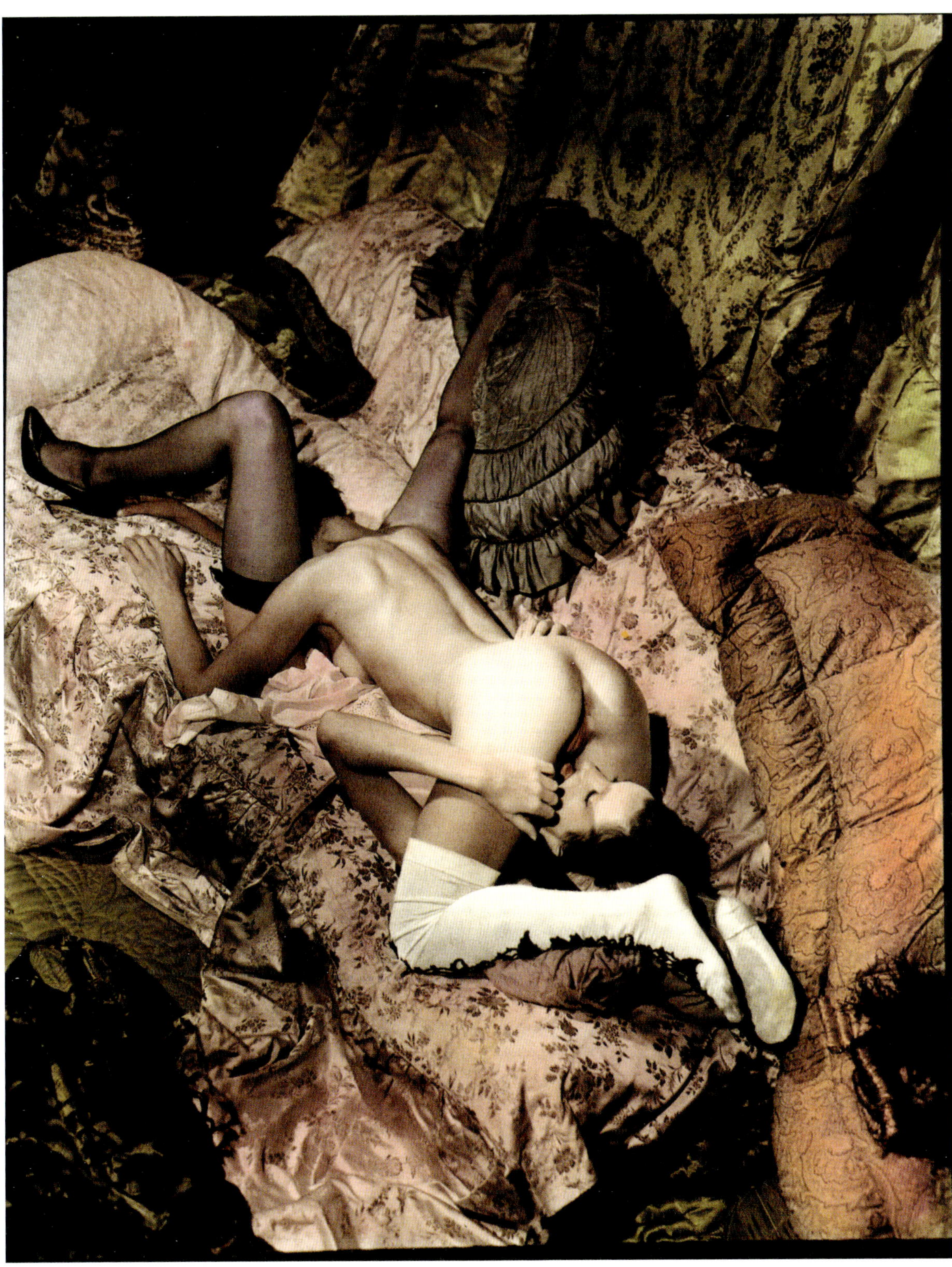

*lui faisant mille compliments et la laissait le cœur
battant baigner dans son Jus. Parfait homme du
monde. Elle parcourait les halls passant devant les
portraits des ancêtres qui lui faisaient peur. Elle
ne voulait pas finir comme toutes ces figures de
femmes exsangues qui la suivaient de leurs yeux
mélancoliques, qui venaient à sa rencontre du fond
de leur vernis obscur et semblaient reconnaître
en elle leur semblable. La taille étranglée dans des
corsets trop serres, desséchées avant l'age, pleines
d'amertume, frigides. Ni hautaines ni honorables,
comme elles prétendaient l'être. Trop souvent son
visage avait déjà présenté ces traits dans le miroir.
Elle poursuivait son chemin de hâte, dénudant ses
seins pour les frotter contre le sol de marbre froid,
là où elle supposait l'empreinte de ses bottes. Elle
faisait cela presque chaque jour et la douleur qu'elle
ressentait ressemblait presque à un plaisir rabougri,
infirme. San désir était un esprit bossu et confus
qui errait dans les corridors du manoir. Jadis il y
avait encore eu le jardinier qu'elle avait observé de
ses fenêtres tandis qu'il taillait les innombrables
buis en forme d'animaux, cerfs, lièvres ou grues.
Leurs formes naturelles coupées et perverties. Elle
avait toujours trouvé niais ces efforts que l'on
déployait pour les haies. Mais son Lord y attachait
de l'importance comme il attachait aussi beaucoup
d'importance a des choses qui lui paraissaient
absurdes. Comme par exemple un cochon à truffes
qu'il lui avait offert qu'elle devait promener au
bout d'une laisse d'or dans les jardins, où, reniflant
d'une façon absurde il retournait le sol avec sa
hure.*

*Les paons aussi dont le cri perçant et mélancolique
l'énervait faisaient partie de ce genre d'accessoires.
Le jardin était plein de ces oiseaux qui faisaient
la roue partout comme s'ils voulaient lui rappeler
sa propre beauté maudite. San époux n'était
vraiment qu'un snob vaniteux, mais aussi son
Tout. Elle s'était mise à poursuivre le jardinier,
lui posant des questions mutines sur ses faits et
gestes, lui faisant faire des travaux absurdes, elle
l'avait critiqué et réprimande jusqu'à ce qu'un
jour il lui fasse front. Juste au moment où elle
voulait s'enfoncer dans le labyrinthe artificiel,
un endroit qui correspondait à son humeur.*

hatte er zaghaft gesagt, anstatt sie leidenschaft-
lich an sich zu reißen, wie sie es nach einer sol-
chen Nacht erwartet hätte. «Meine Liebe, du bist
überreizt, du solltest etwas Ruhe finden.»
Danach hatte er sie nicht mehr angerührt. Ihre
Lust hatte ihn erschreckt, so schien es, das
Tierweibchen in ihr. Er wollte sie auf einen
marmornen Sockel stellen und seine bigotten,
schwülstigen Minnegesänge darunter verrichten. Auf Knien, versteht sich. Sie hätte auf
Knien wahrlich anderes im Sinn gehabt. Ab und
an jedoch, nach ihren trauten Diners, begleitete
er sie pflichtschuldigst in ihre Gemächer, wo
er kurz und verzagt seiner Gattenpflicht nach-
kam. Er fertigte sie mit einigen schüchternen
Stößen ab, küsste ihre Stirn und ihre Hände
unter vielerlei Lobpreisungen und ließ sie mit
pochendem Unterleib in ihren Säften zurück.
Ganz Kavalier. Sie hastete durch die Halle, vor-
bei an den bedrückenden Ahnenbildern, die ihr
Angst machten. Sie wollte nicht so enden wie
all diese blutleeren, trübsinnig dreinblickenden
Frauengestalten, die ihr aus dem nachgedunkel-
ten Firnis entgegenkamen, und sie als eine der
ihren zu erkennen schienen. In zu enge Mieder
geschnürt, vorzeitig vertrocknet, verbittert,
frigid. Nichthochmütig oder ehrenvoll, wie sie
zu sein vorgaben. Allzuoft hatte ihr Gesicht im
Spiegel bereits ähnliche Züge gezeigt. Sie hastete weiter, entblößte ihr Brüste, um sie am kalten
Marmorboden zu reiben, dort, wo sie den Ab-
druck seiner Stiefel vermutete. Fast jeden Tag
tat sie dies, und der Schmerz, den sie empfand,
kam fast einer verkümmerten, verkrüppelten
Lust gleich. Ihre Begierde war ein buckliger
wirrer Geist, der in Gängen des Anwesens um-
herirrte. Einst war da noch der Gärtner gewesen
den sie vom Fenster aus beobachtet hatte, wie er
die unzähligen Buchsbaumhecken in Form von
Tiergestalten schnitt. Hirsche, Hasen, Kraniche.
Ihre natürliche Form gestutzt und pervertiert.
Es war ihr immer etwas albern erschienen,
dieses Getue um die Hecken, aber ihr Lord
legte Wert darauf. Wie er auf vieles Wert legte,
was ihr unsinnig erschien. So zum Beispiel das
Trüffelschweinchen, das er ihr geschenkt hatte,

*C'était un homme fier et puissant au regard nos apprivoisés, pas encore abîme par la fréquentation de la noblesse campagnarde. « Écoutez, Milady », avait-il dit entre ses dents en s'efforçant de se maîtriser, et il l'avait attrapée brutalement par le bras. « Écoutez, ne jouez pas avec moi, ne jouez pas à ce jeu-là. » Elle l'avait regardé, stupéfaite et rougissante, lui avait an ache son bras et voulait lui rétorquer par un : « Comment oses-tu, valet ! » quand quelque chose d'autre s'empara d'elle et la fit chanceler _ dans sa direction. Lui de son côté se mit à rougir, épouvanté. « Pour l'amour de Dieu, Milady, chuchota-t-il. » Mais elle sentait déjà comme il se durcissait sous ses culottes de peau de chamois. Violemment elle se pressa contre lui et lui offrit sa bouche, ne laissant subsister aucun doute quant à ses intentions. Et le robuste jardinier, familier de jeux de ce genre, comble ses trois ouvertures avec la même ardeur. La remplit et la contenta. « Espèce de pute, femme de mauvaise vie » mugit-il, tandis qu'ils se roulaient par terre dans les buissons du Labyrinthe. Il l'empoignait grossièrement comme elle l'aimait. « -Oui, c'est comme ra que tu l'aimes, espèce de pute », lui soufflait-il a l'oreille. Non sans une certaine tendresse dans la voix. Et la monta comme son Lord montait les servantes. Quand les premières épines vinrent se planter dans ses fesses blanches comme neige, elle connut le bonheur et elle baisa les mains du jardinier avec cette ardeur qui lui avait jusque là fait si peur. Mais il n'était pas si courageux, ce valet, et le jour suivant il avait abandonné la propriété, et s'était fondu dans la nuit sans rien dire à personne. Par peur de la colère de son époux, lut-elle sur un vieux bout de papier qu'elle déchira en poussant des cris perçants.*

*Ensuite, elle s'était transpercé le mamelon du côté du cœur, poussée par le désespoir et se servant d'une épingle à cheveux ; elle y avait accroché un anneau d'or pour exprimer sa honte. Cette douleur n'était rien par rapport à celle qui ravageait ses entrailles.*

*Son Lord qui ne comprenait rien à rien comme d'habitude, attribuait sa crise de fureur à sa propre insuffisance ou à une maladie nerveuse.*

und das sie ab und zu an einer goldenen Leine durch die Gärten führen musste, wo es sinnlos schnüffelnd mit seiner Schnauze den Boden durchpflügte.

Auch die Pfauen, deren schriller und wehmütiger Schrei sie entnervte, waren solch nutzloses Beiwerk. Der Garten war voll von diesen Vögeln, die überall ihr Rad schlugen, als wollten sie sie immer wieder an ihre eigene verfluchte Schönheit erinnern. Ihr Gatte war eben auch nur ein eitler Geck, aber eben auch ihr Alles. Sie hatte begonnen, dem Gärtner nachzustellen, hatte ihm schnippische Fragen über sein Tun und Treiben gestellt, ihn unsinnige Arbeiten verrichten lassen, ihn kritisiert und gemaßregelt, bis er ihr eines Tages die Stirn bot. Gerade als sie das künstliche Labyrinth betreten wollte, einen Ort, der ihrem Geisteszustand entgegenkam. Er war ein stolzer, kräftiger Mann mit ungezähmtem Blick, noch nicht versaut vom häufigen Umgang mit dem Landadel. «Hören Sie, Mylady» hatte er mühsam beherrscht gezischt und sie grob am Ellbogen gepackt. «Hören Sie, spielen Sie nicht mit mir, tun Sie das nicht.» Sie hatte ihn verblüfft und errötend angestarrt, ihm ihren Arm entrissen, und wollte ihm gerade ein «Was nimmst du dir da heraus, Knecht!» entgegenspeien, als etwas anderes von ihr Besitz ergriff und sie ihm entgegentaumeln ließ. Ihm, der jetzt seinerseits entsetzt errötete. «Aber um Himmels willen, Mylady», flüsterte er. Doch sie spürte schon, wie er hart wurde unter seinen wildledernen Hosen. Heftig klammerte sie sich an ihn und bot ihm ihren Mund. Ließ an ihrer Absicht keinen Zweifel aufkeimen. Und der wackere Gärtner, vertraut mit derlei Spielen, bedachte jede ihrer drei Öffnungen mit der gleichen Inbrunst. Füllte und erfüllte sie. «Du Hurenstück», keuchte er. «Verkommenes Frauenzimmer.» Während sie sich im Gebüsch des Labyrinths wälzten. Er packte sie grob, wie sie es liebte. «Ja, so brauchst du es, du Hure», flüsterte er an ihrem Ohr. Nicht ohne Zärtlichkeit in der Stimme. Und bestieg sie so, wie ihr Lord die Mägde bestieg. Als sich die ersten Dornen in ihren lilienweißen Hintern bohrten,

*Il lui offrit ce soir-là le petit chien de salon. En
consolation. Comme s'il voulait lui enfoncer le
dernier pieu de l'humiliation dans le cœur. Ce
chien.*

*Puis pendant des heures, il lui avait tenu la main
comme morte, hypocritement, et le parfum de son
corps avait empoisonné ses appartements de sorte
qu'elle n'avait pas pu dormir pendant des nuits.
Elle préférait encore le parfum des lys fanés. Car il
avait quelque chose de morbide et de mauvais gout
qui allait avec son humeur. Que fais-je d'autre
que de galoper dans la maison, le giron humide et
le cœur battant, se demandait-elle en grinçant des
dents.*

*Puis dans un soudain accès de colère, elle jeta le
petit chien dans un coin, ce qu'elle regretta aussitôt
car elle n'était pas cruelle. Il gisait la en gémissant
et l'implorait. Elle mit ses mains sur ses oreilles,
regarda son visage dans le miroir, ce qui lui arracha
également un gémissement.*

*Et sa main de filigrane se tendit vers le bouquet
de lys qui semblait se rire d'elle, et elle froissa et
déchira toutes les fleurs blanches en un mouvement
sauvage.*

erkannte sie, dass dies Glück war, und sie küsste die Hände des Gärtners mit eben jener Inbrunst, vor der ihr ansonsten geschaudert hatte.
Doch gar so mutig war er nicht, der Knecht. Am
nächsten Tag hatte er das Gut verlassen, war
klammheimlich in der Nacht entwischt. Aus
Angst vor dem Groll ihres Gatten, so stand auf
einem lumpigen Zettel, den sie unter schrillen
Schreien zerriss.

Danach hatte sie sich mit Hilfe einer Haarnadel
und einer gehörigen Portion Verzweiflung ein
Loch durch die Brustwarze auf Seiten des Her-
zens getrieben, und einen goldenen Ring einge-
hängt, um ihrer Schmach Ausdruck zu verleihen.
Der Schmerz war nichts im Vergleich zu dem,
der in ihren Eingeweiden tobte.

Ihr Lord, der wie immer nichts verstanden hatte,
und ihr Toben auf seine eigene Unzulänglichkeit
oder ein Nervenleiden zurückführte, hatte ihr an
jenem Abend das Schoßhündchen geschenkt. Als
Trost. Als wollte er ihr noch den letzten Pflock
der Demütigung durch die Brust stoßen, dieser
Hund. Dann hatte er stundenlang scheinheilig
ihre wie tote Hand gehalten, und der Duft seines
Körpers hatte ihr Gemach verpestet, so dass sie
nächtelang nicht hatte schlafen können. Da war
ihr der Geruch leicht angewelkter Lilien noch lie-
ber. Er hatte etwas Morbides, Abgeschmacktes,
das zu ihrem Zustand passte. Tue ich eigentlich
je etwas anderes, als mit feuchtem und pochendem Herzen durchs Haus zu rennen, fragte sie
sich und knirschte kurz mit den Zähnen. Dann
warf sie, in einer plötzlichen Aufwallung von
Zorn, das Hündchen in die Ecke, was sie sogleich
bereute, denn sie neigte nicht zur Grausamkeit.
Da lag es und jaulte und wimmerte sie an. Sie
hielt sich die Hände über die Ohren, sah ihr Gesicht im Spiegel, was ihr ebenfalls ein Wimmern
entlockte.

Und ihre filigrane Hand griff nach dem Lili-
enstrauß, der sie zu verspotten schien, und
zerknüllte und zerfetzte all die weißen Blüten in
einer einzigen wilden Bewegung.
*Phoebe MÜLLER*

# QUELQUES LIVRAISONS HEUREUSES

## Einige glückliche Auslieferungen

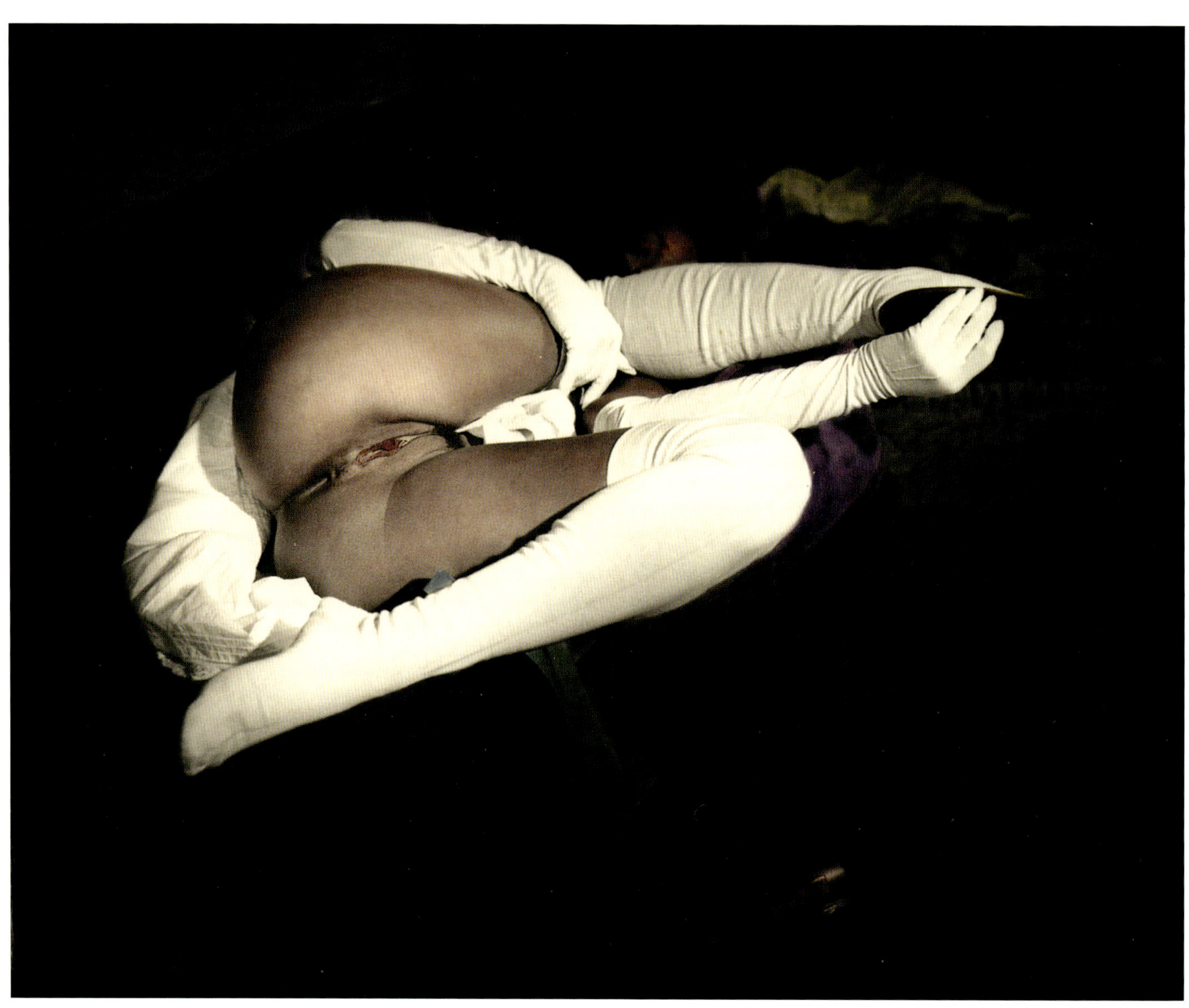

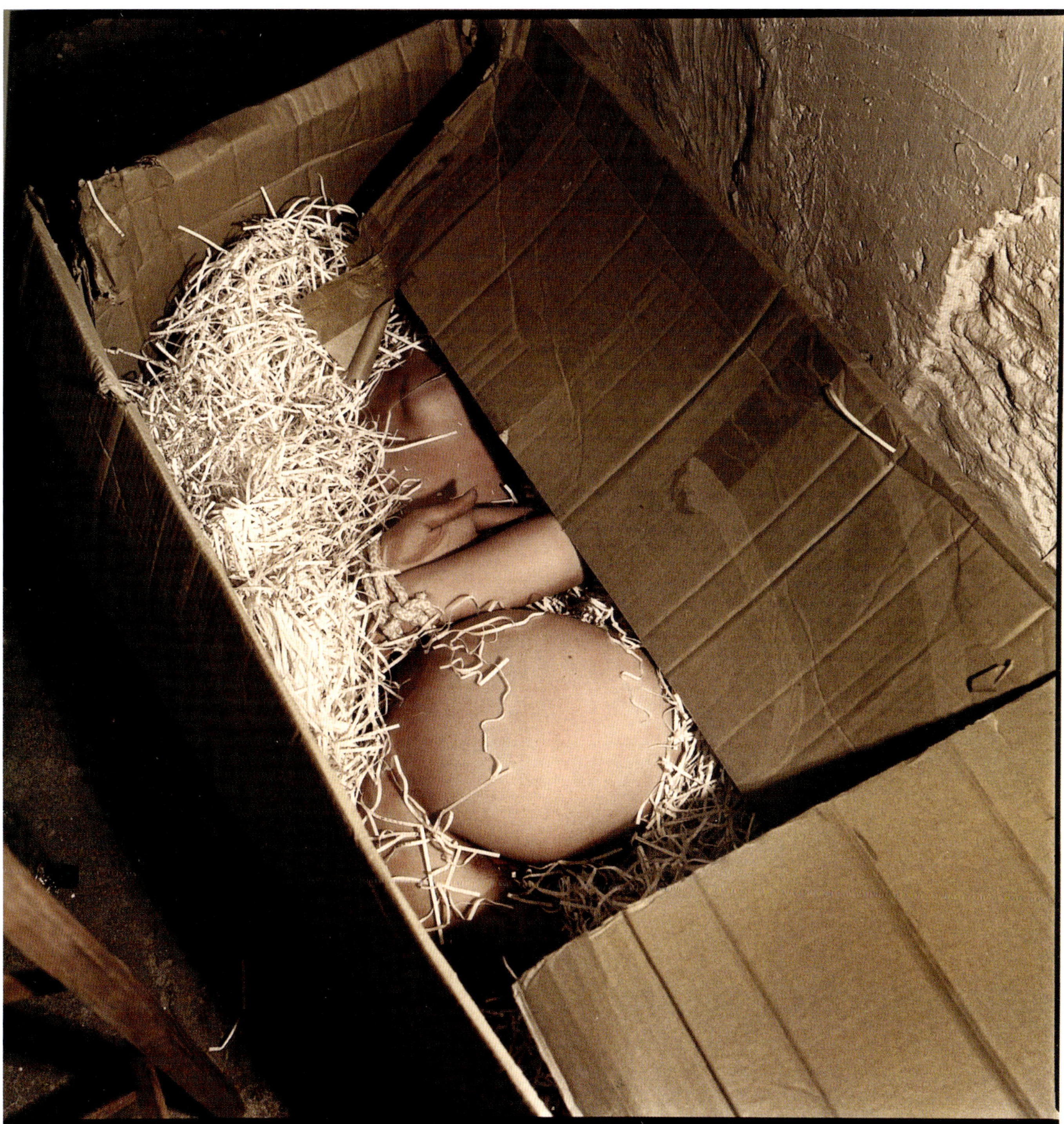

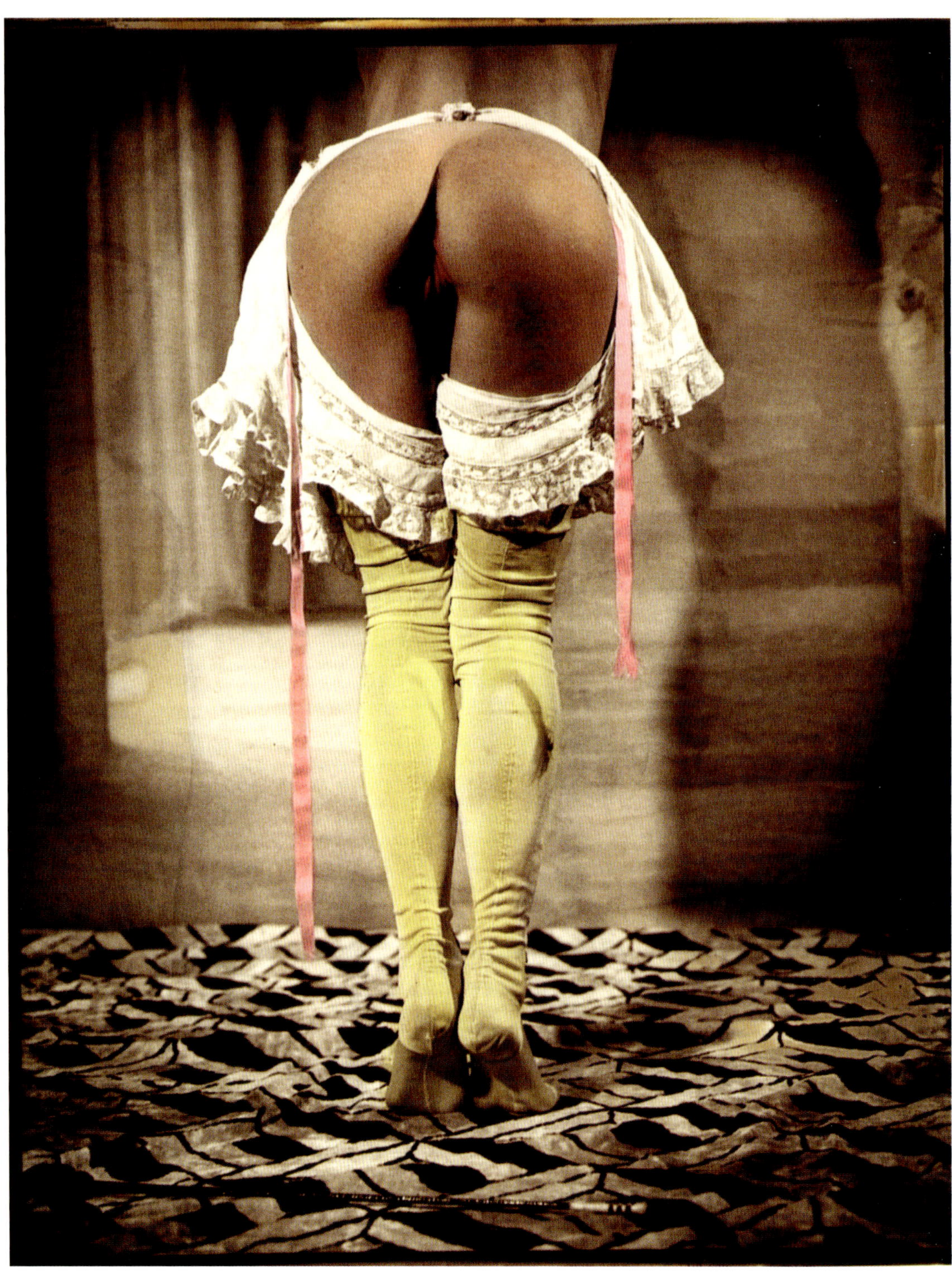

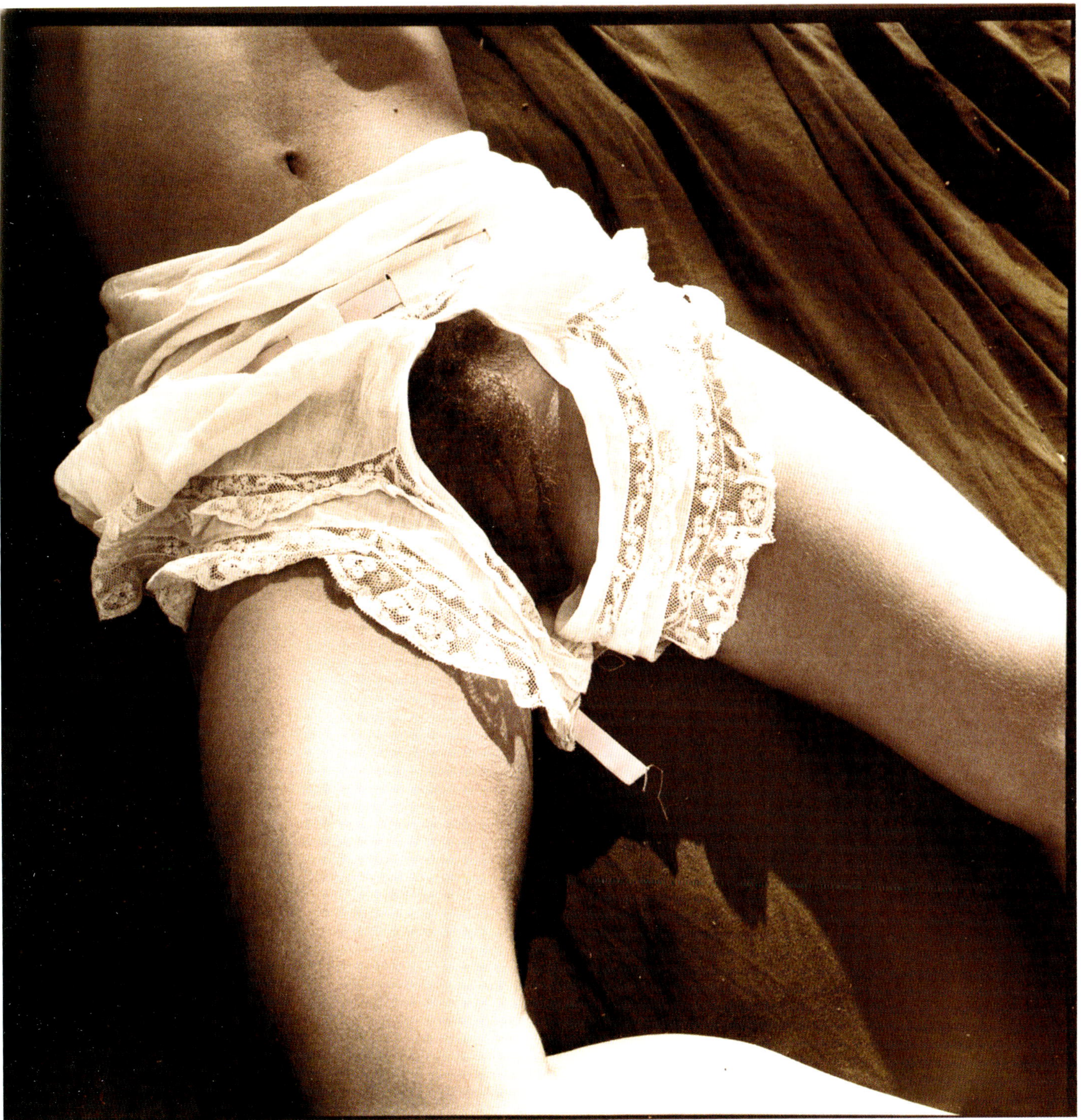

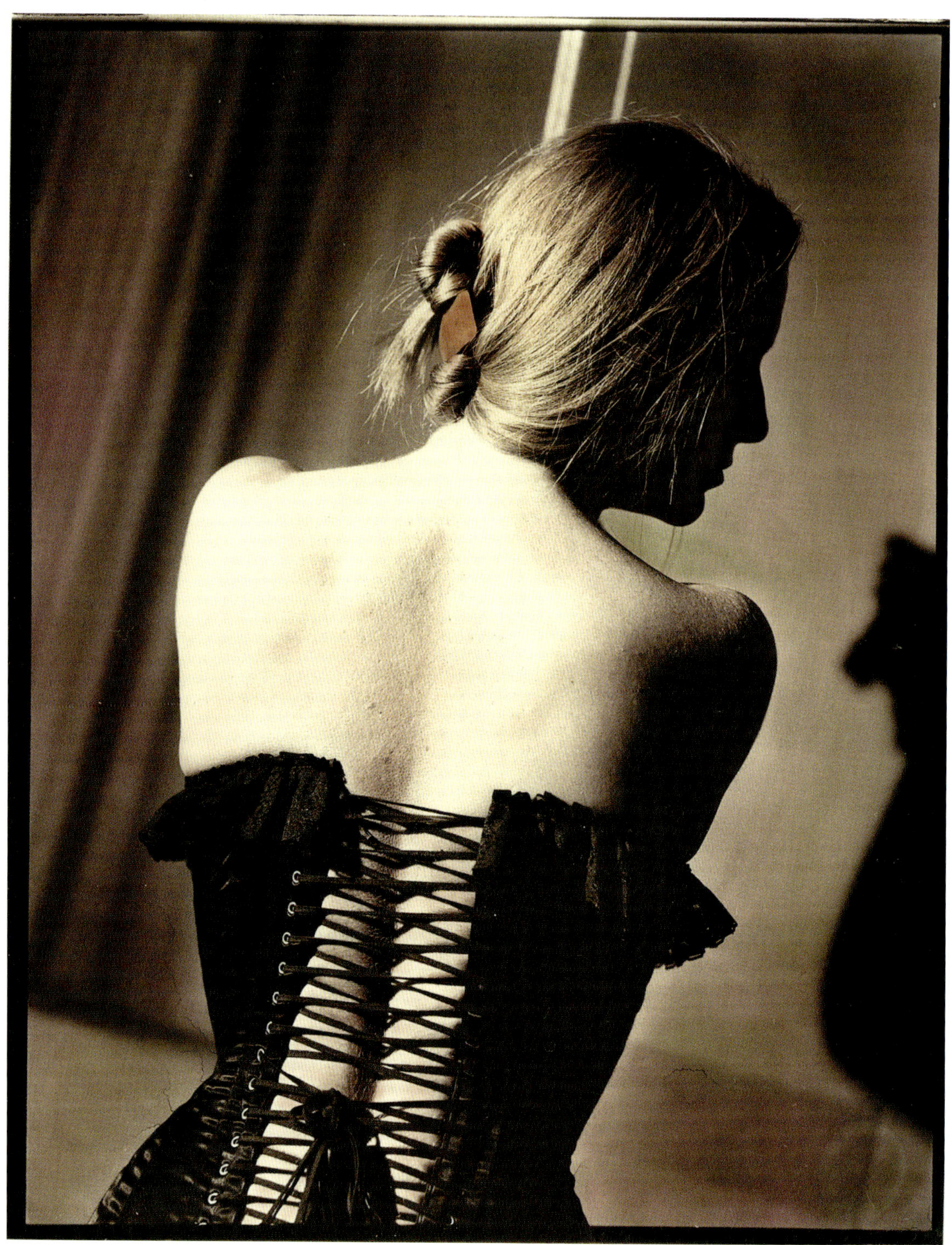

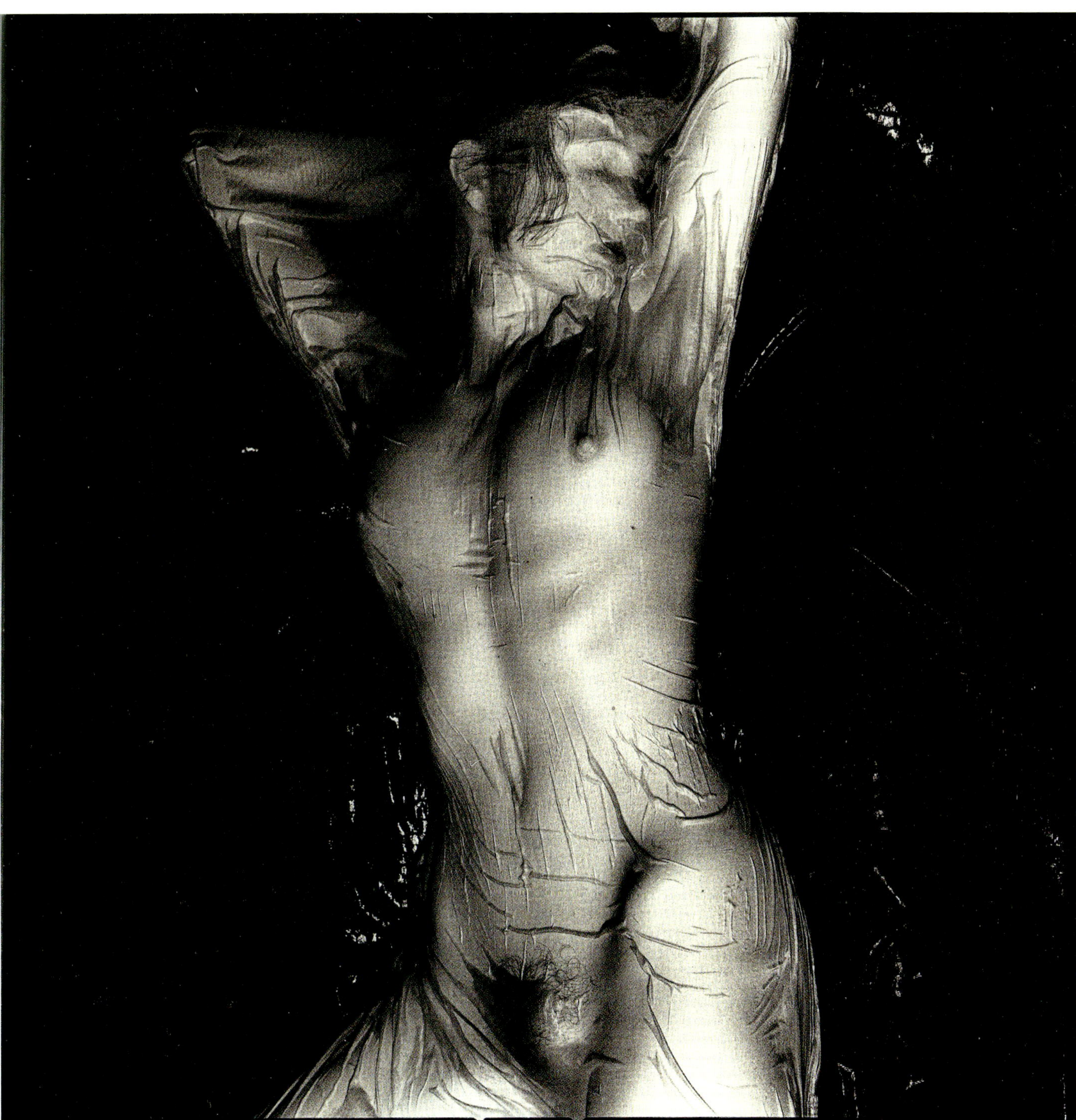

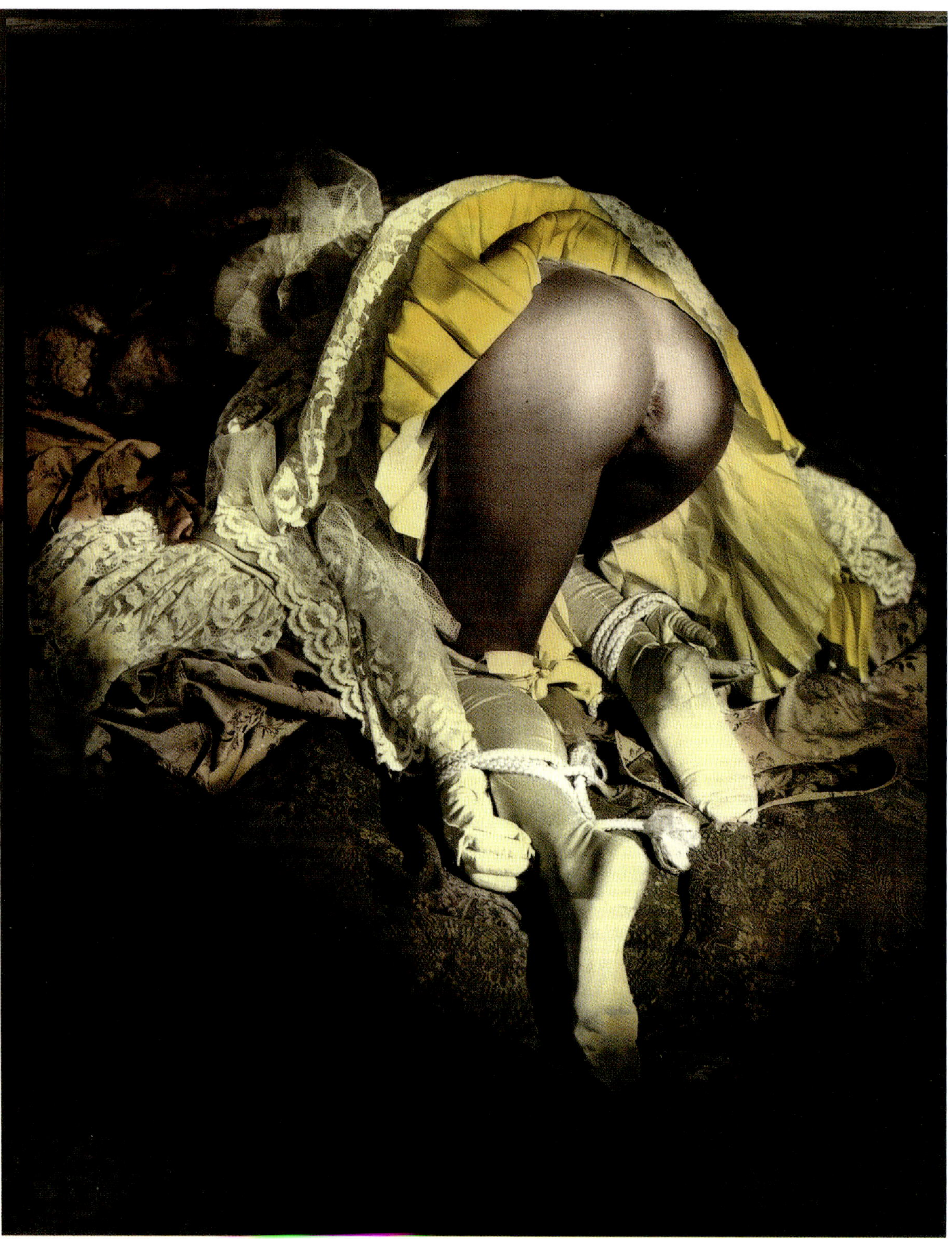

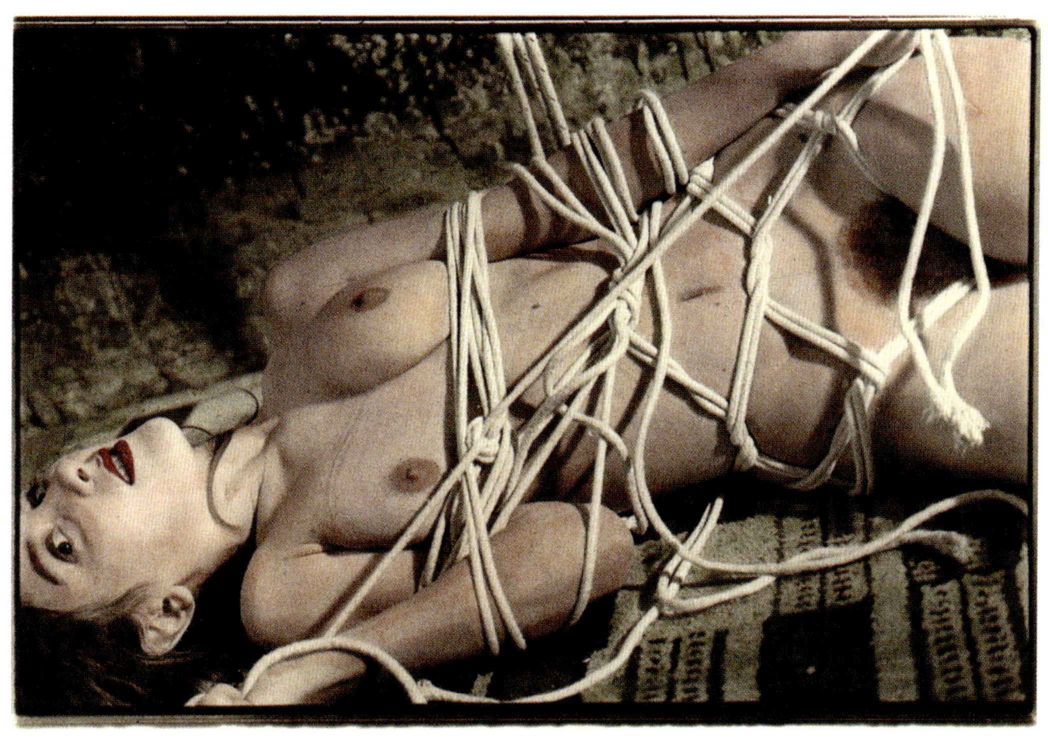

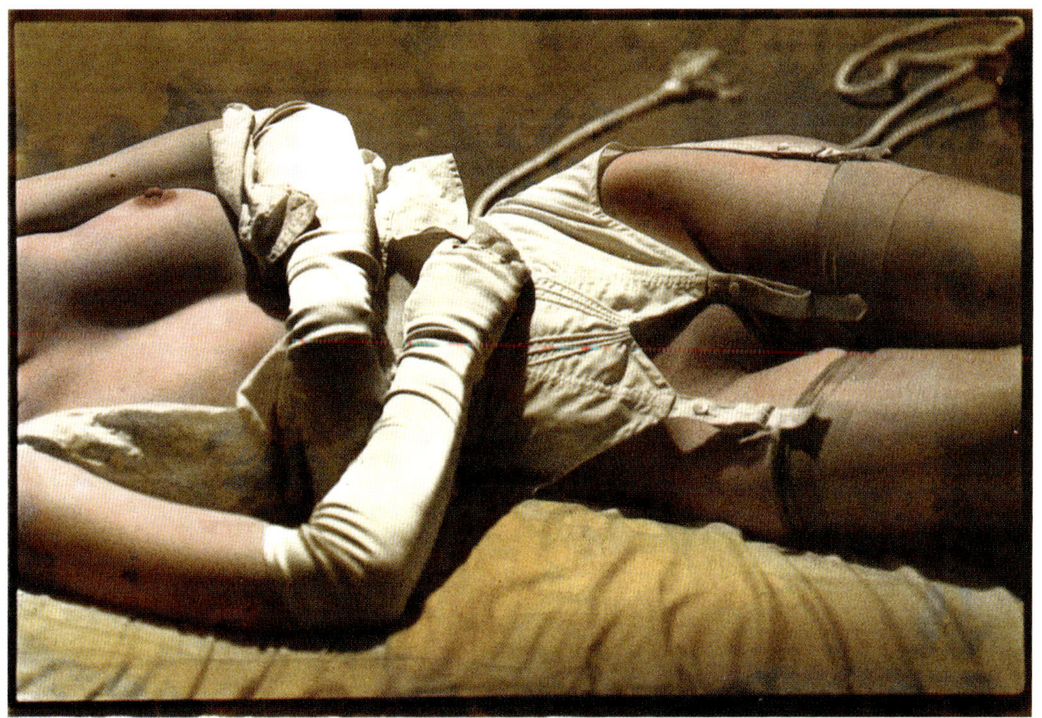

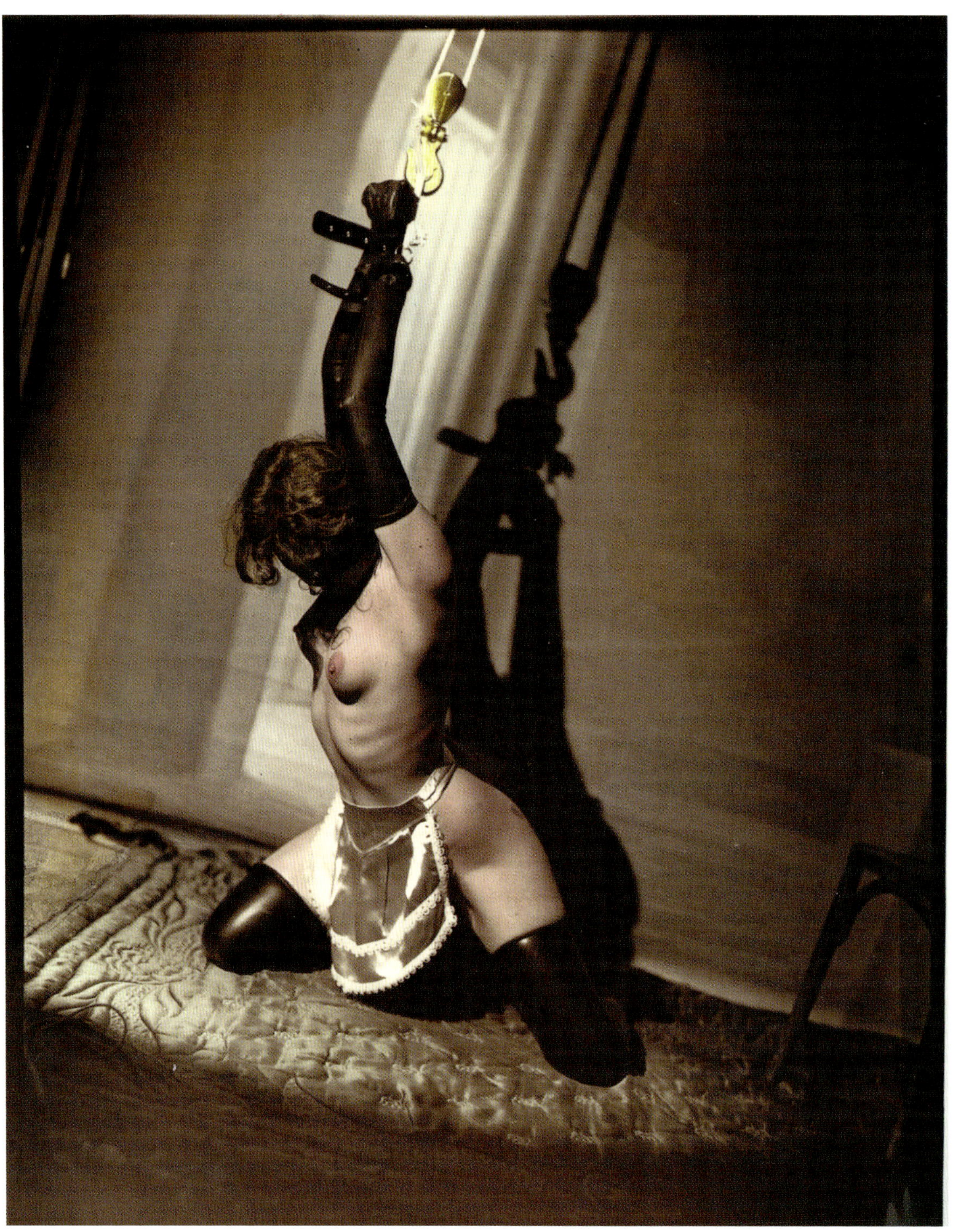

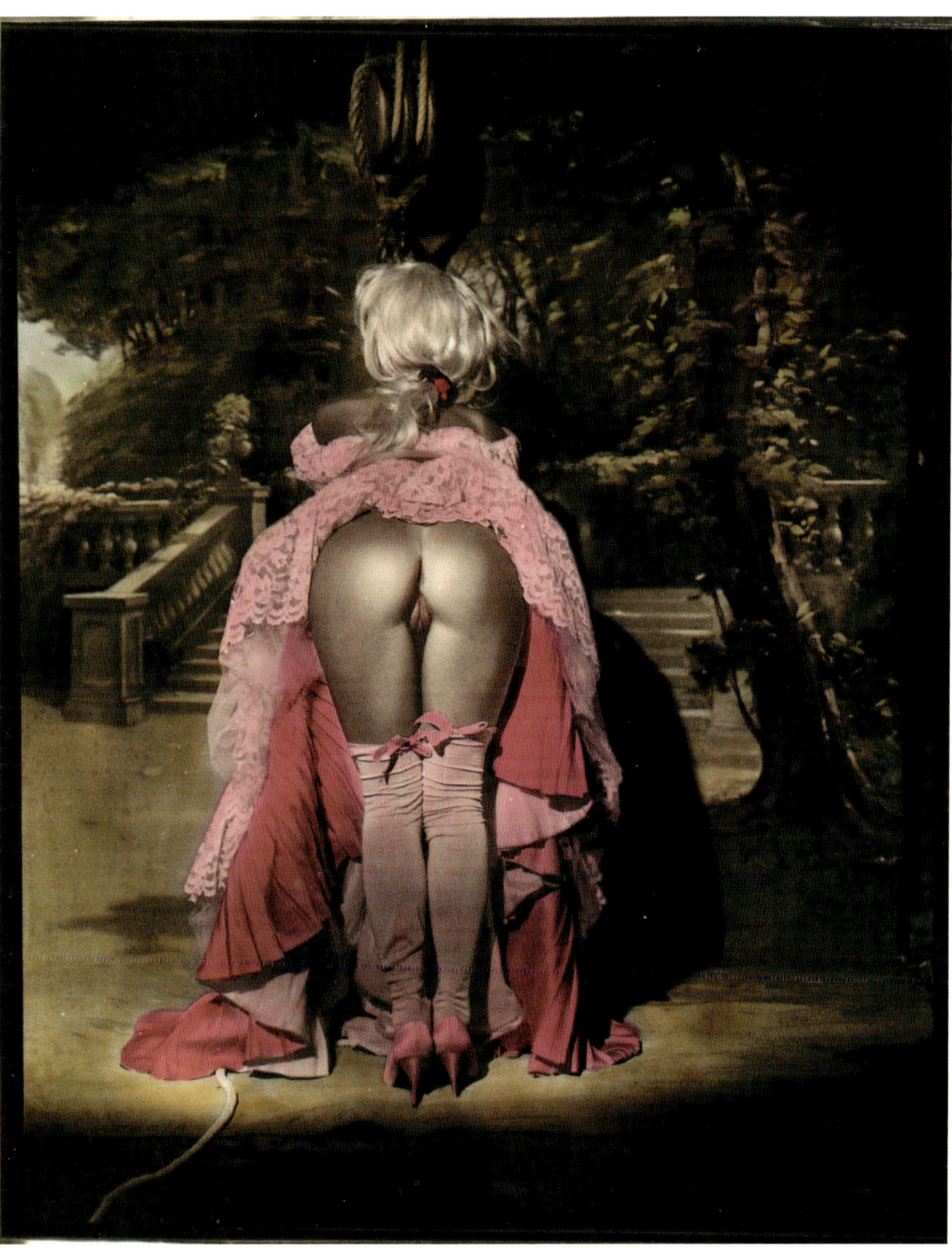

# LES JEUX DE LA COMTESSE B.

## Die Spiele der Comtesse B.

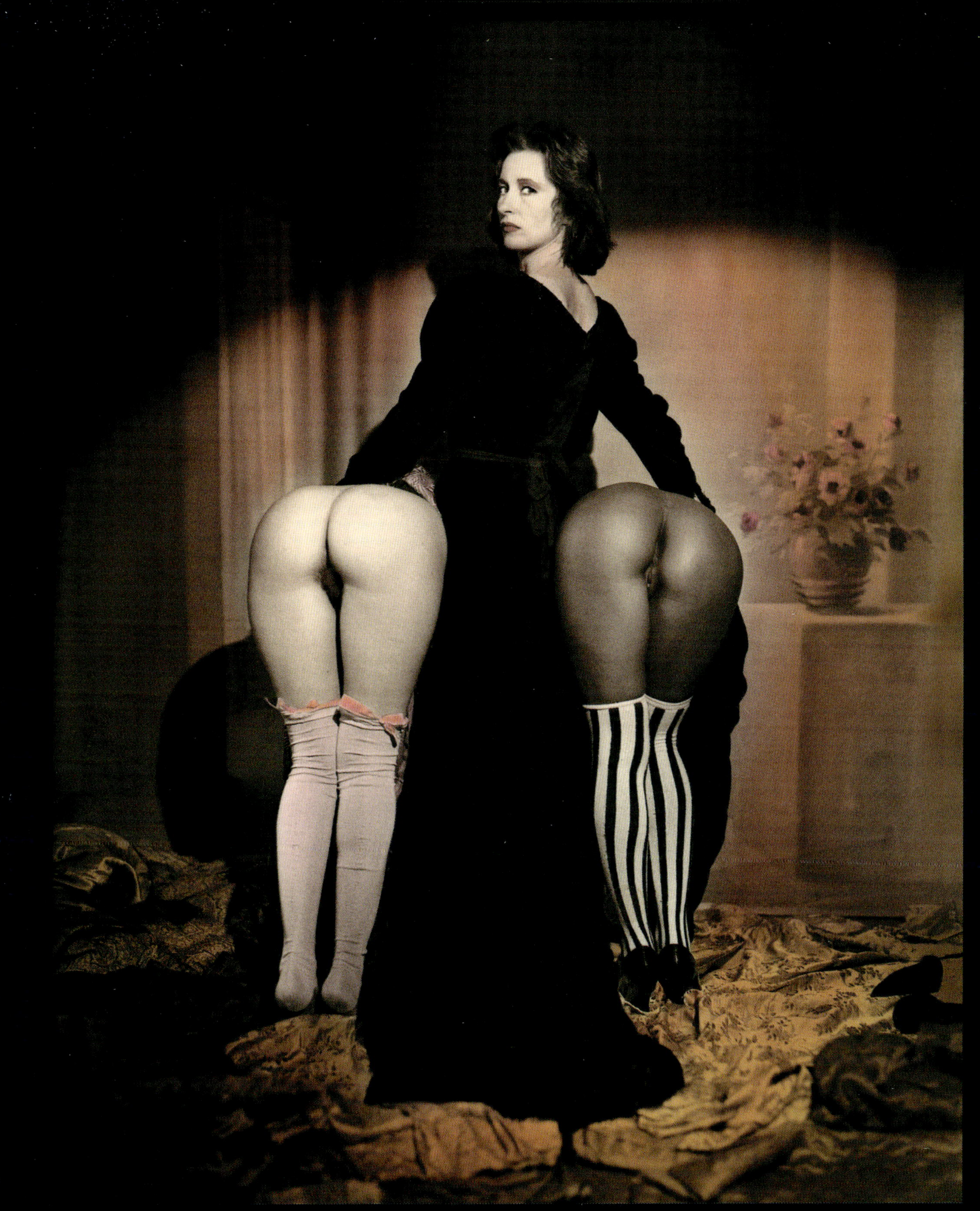

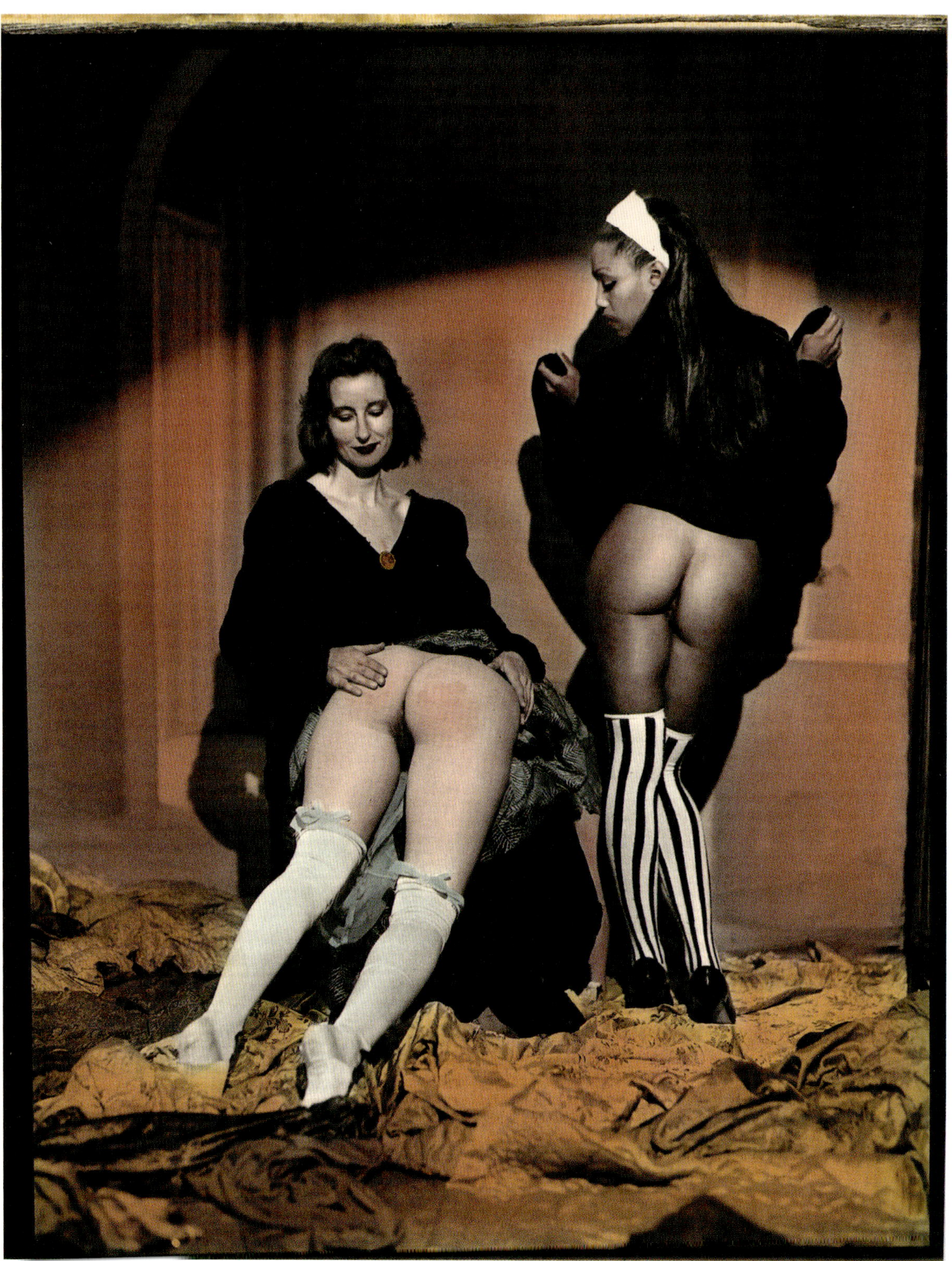

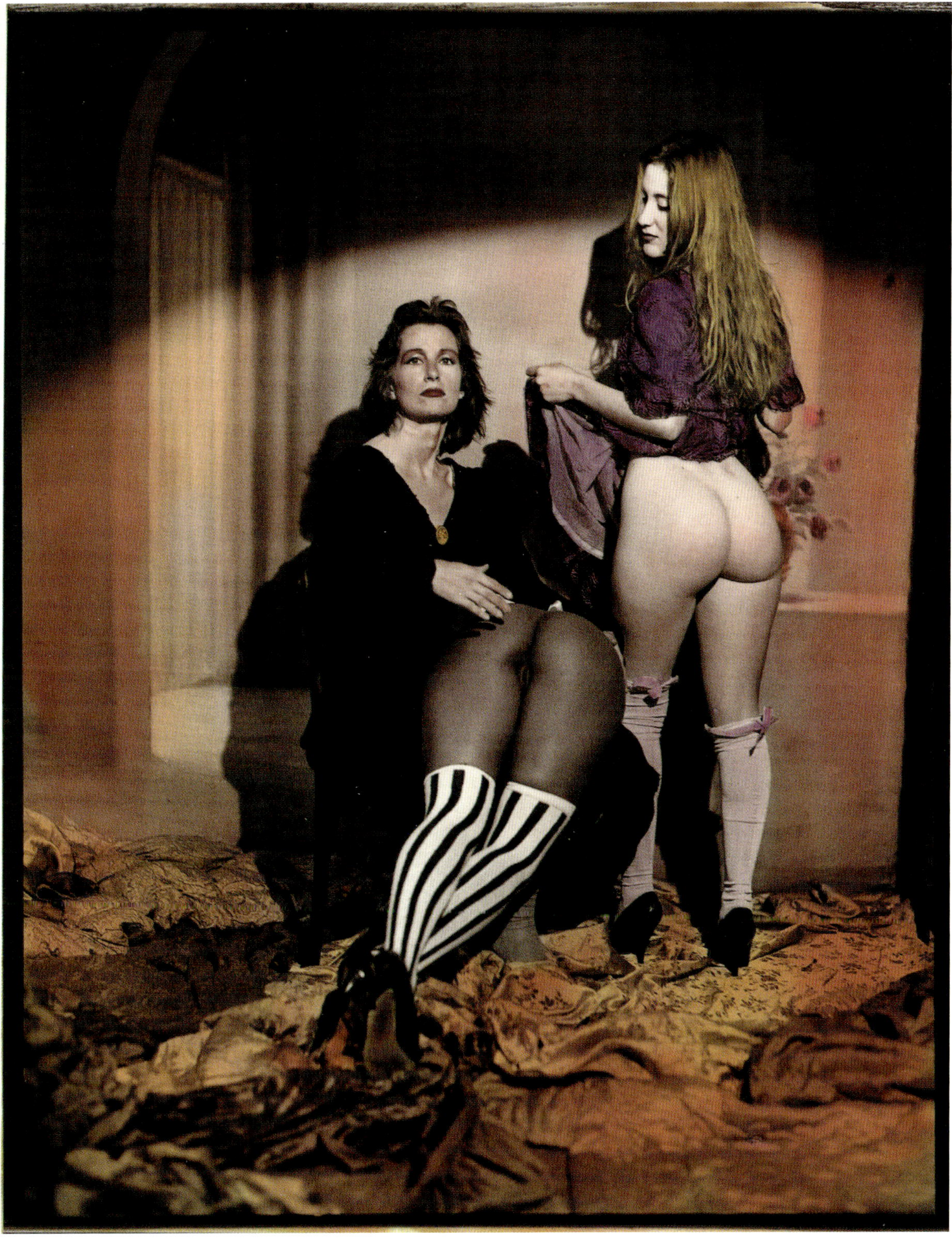

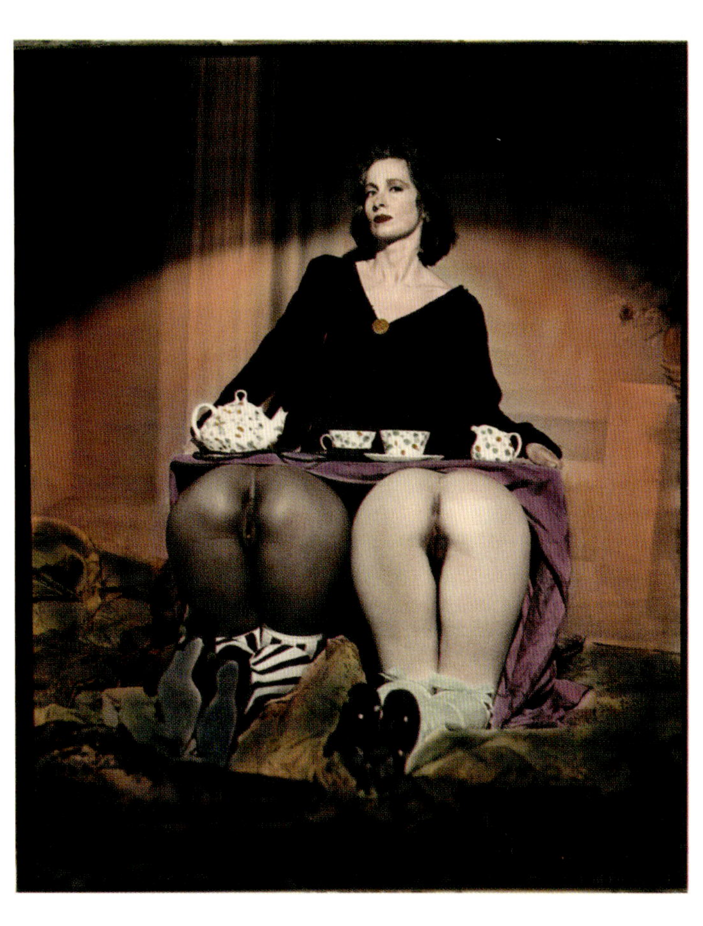 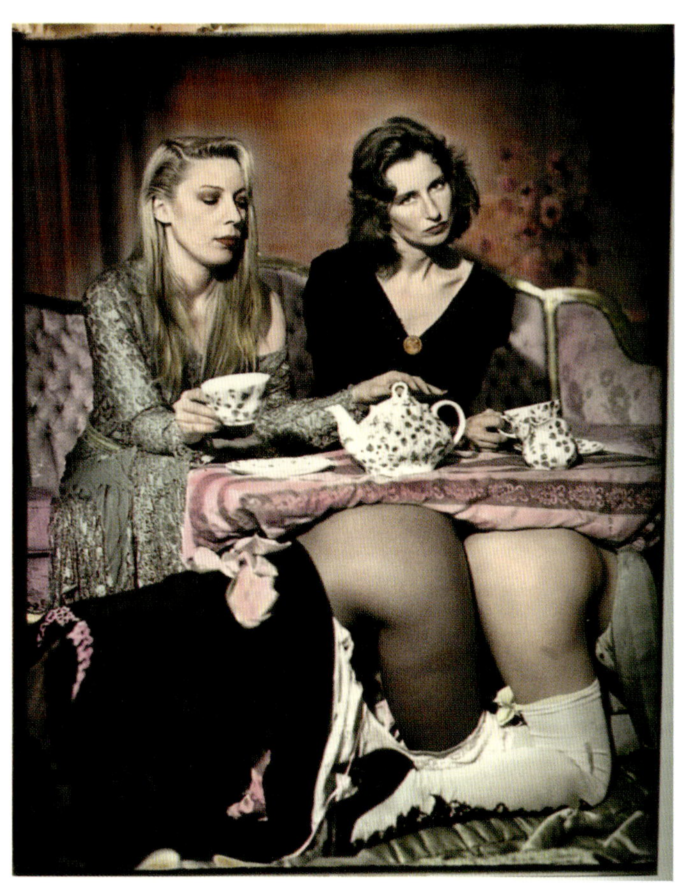

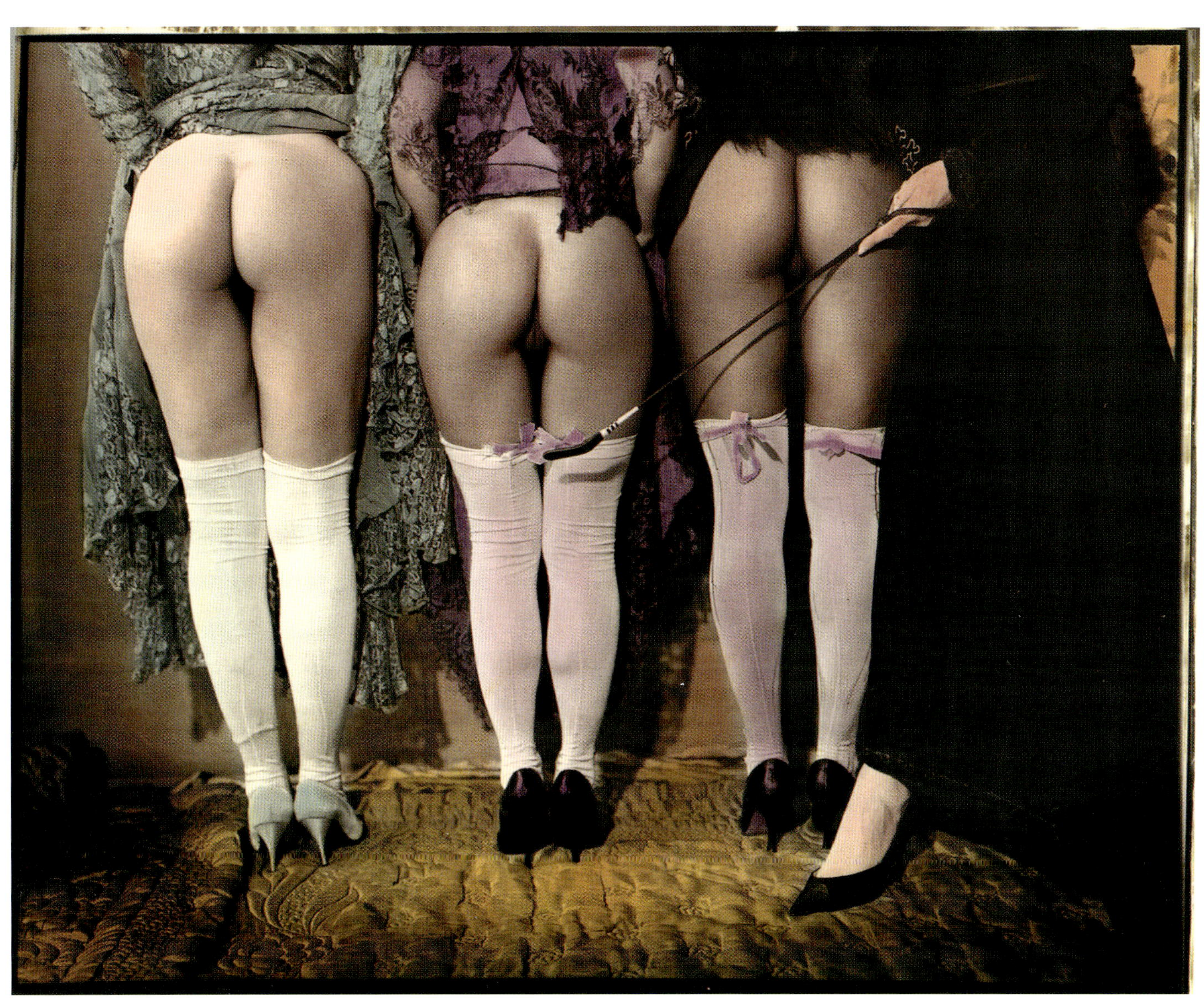

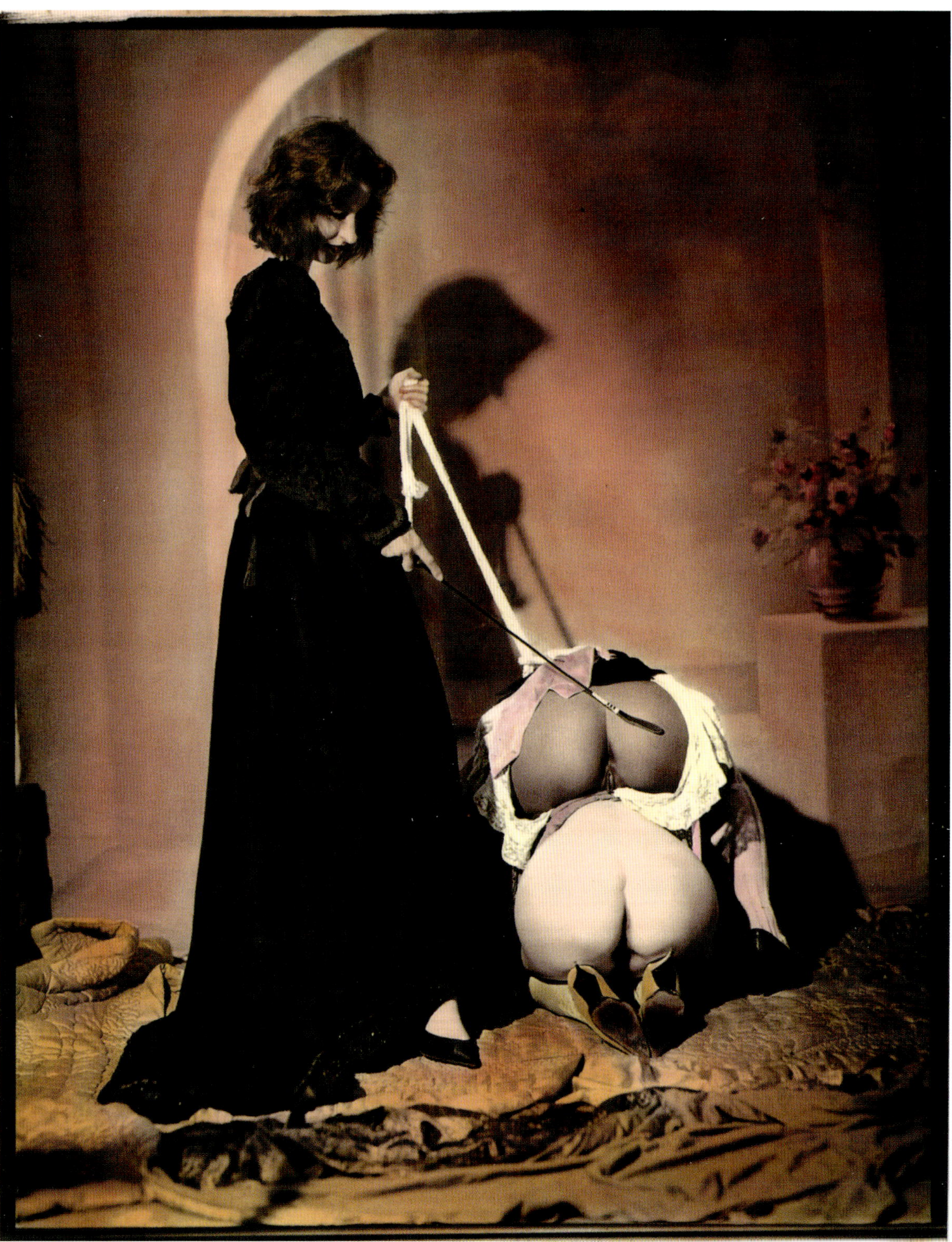

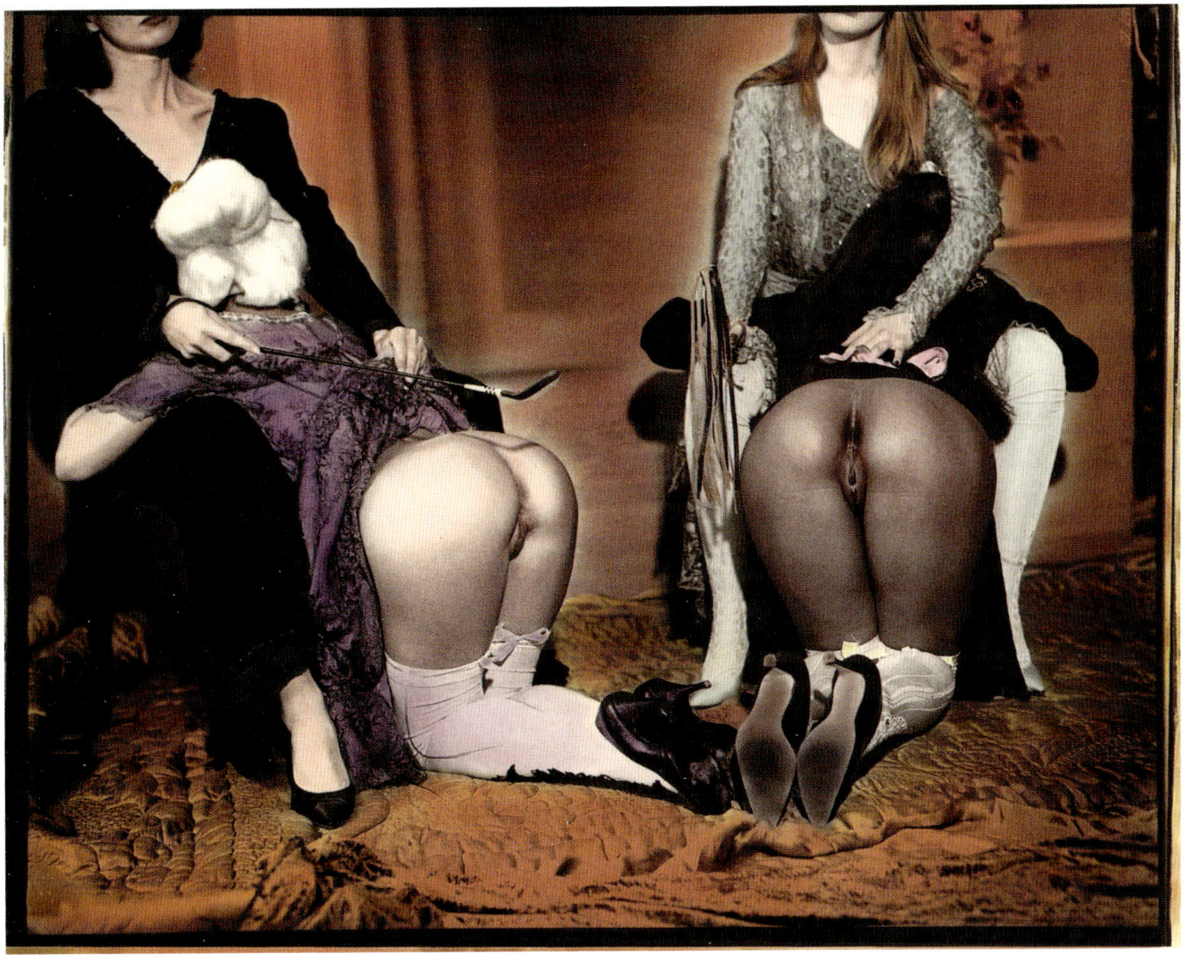

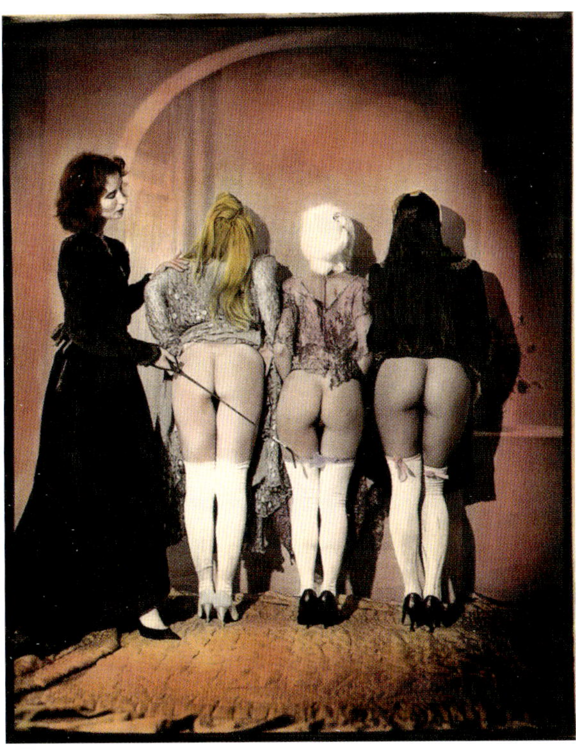
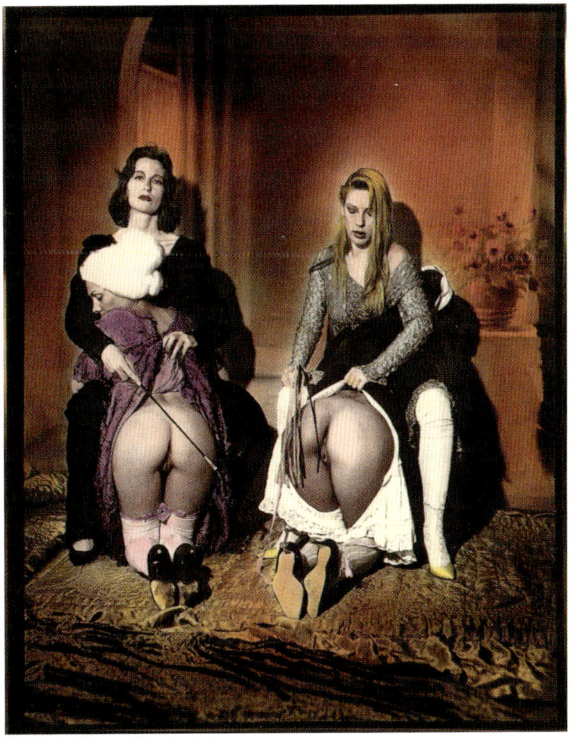

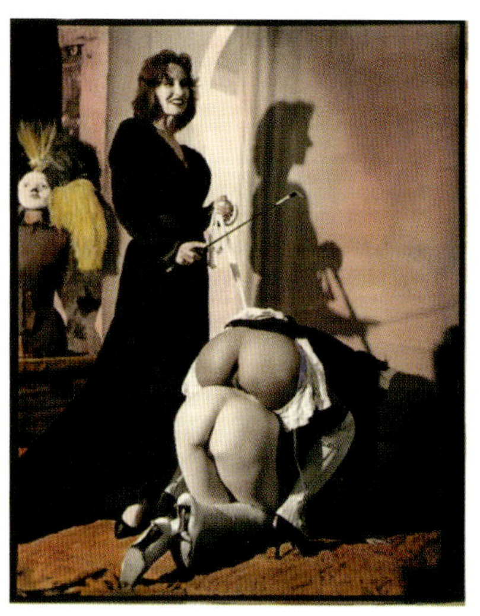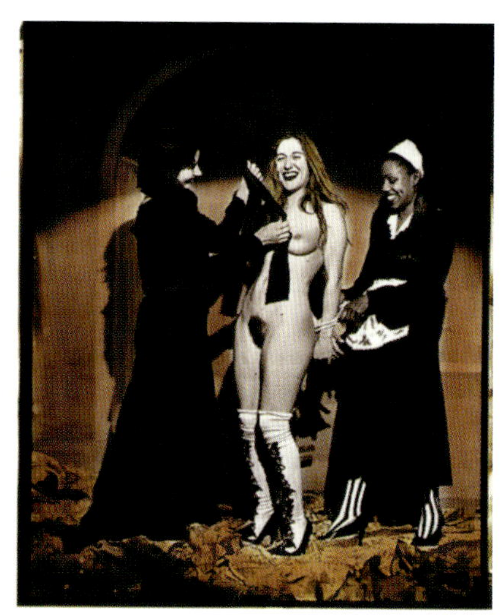

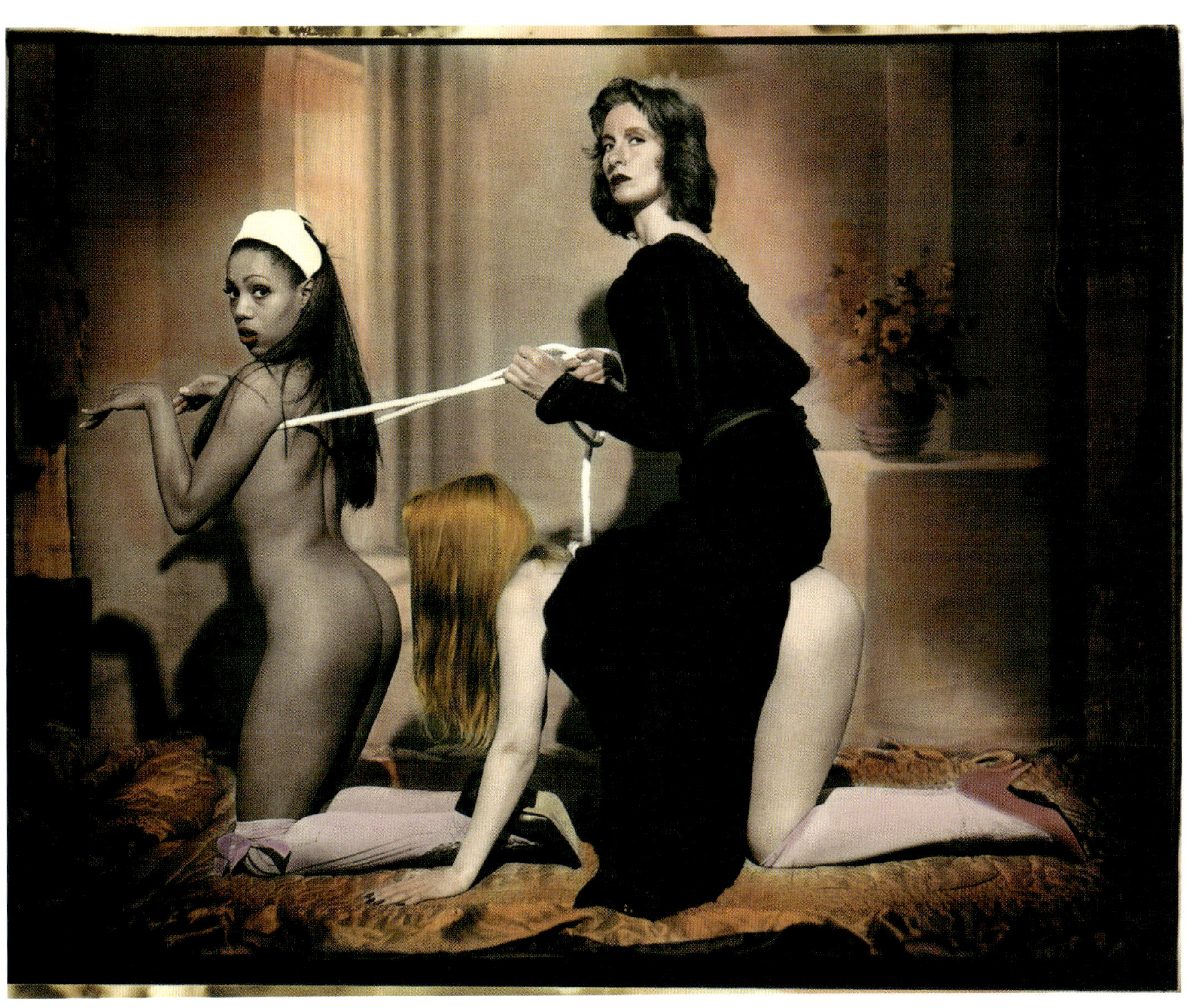

# INTÉRIEURS PARISIENS

## Pariser Interieurs

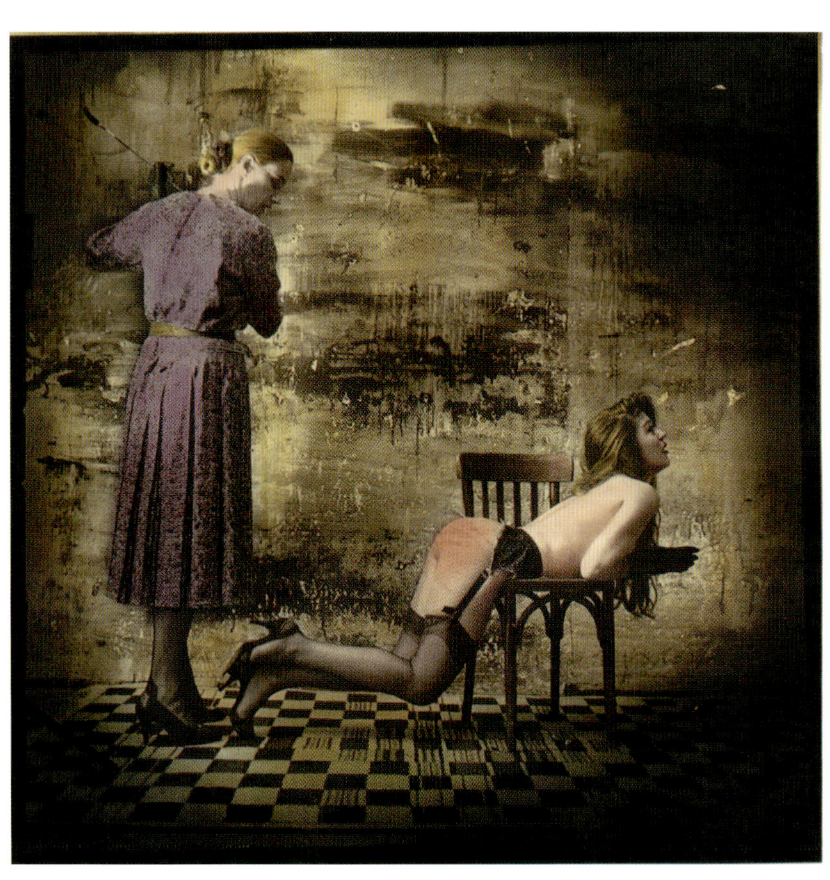

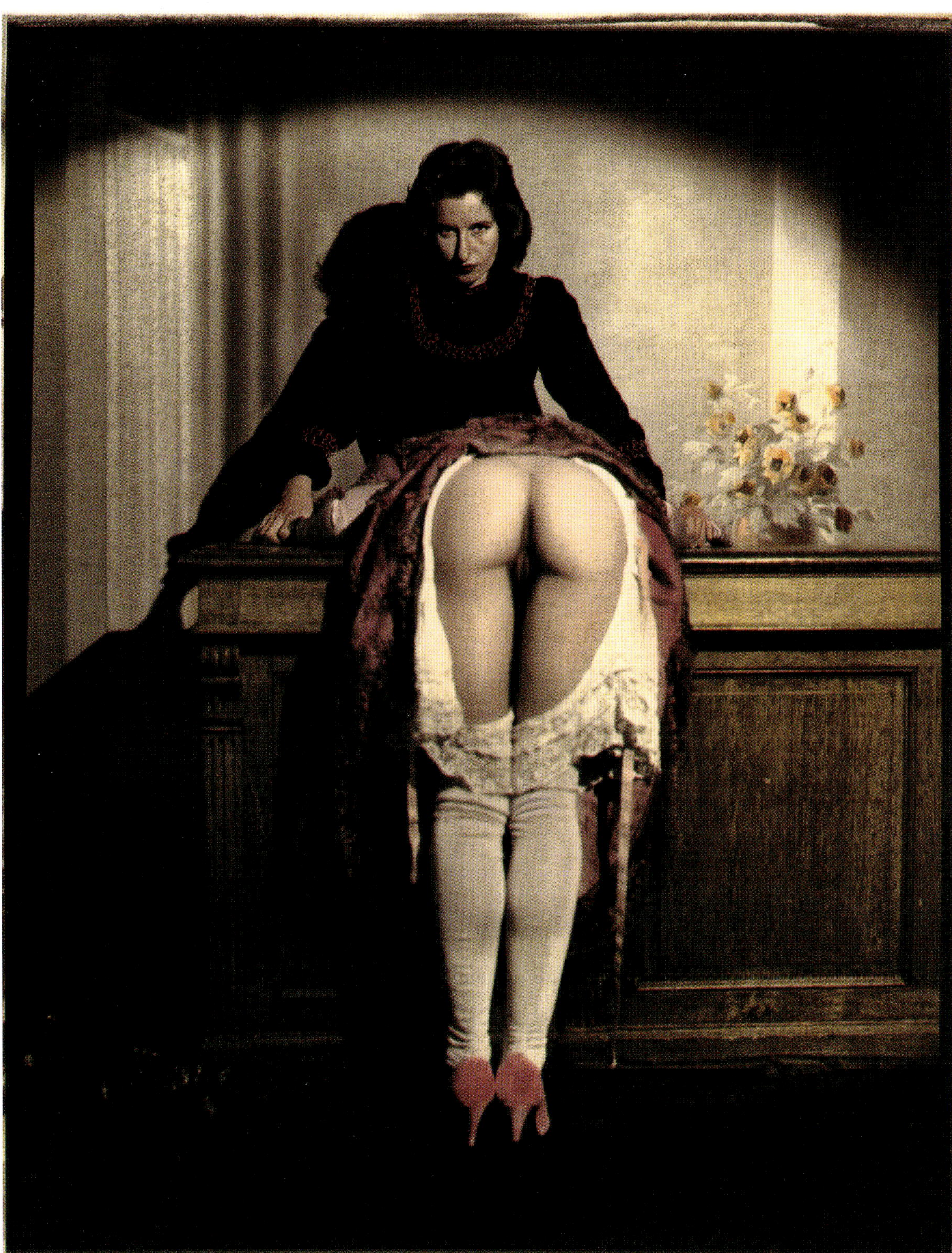

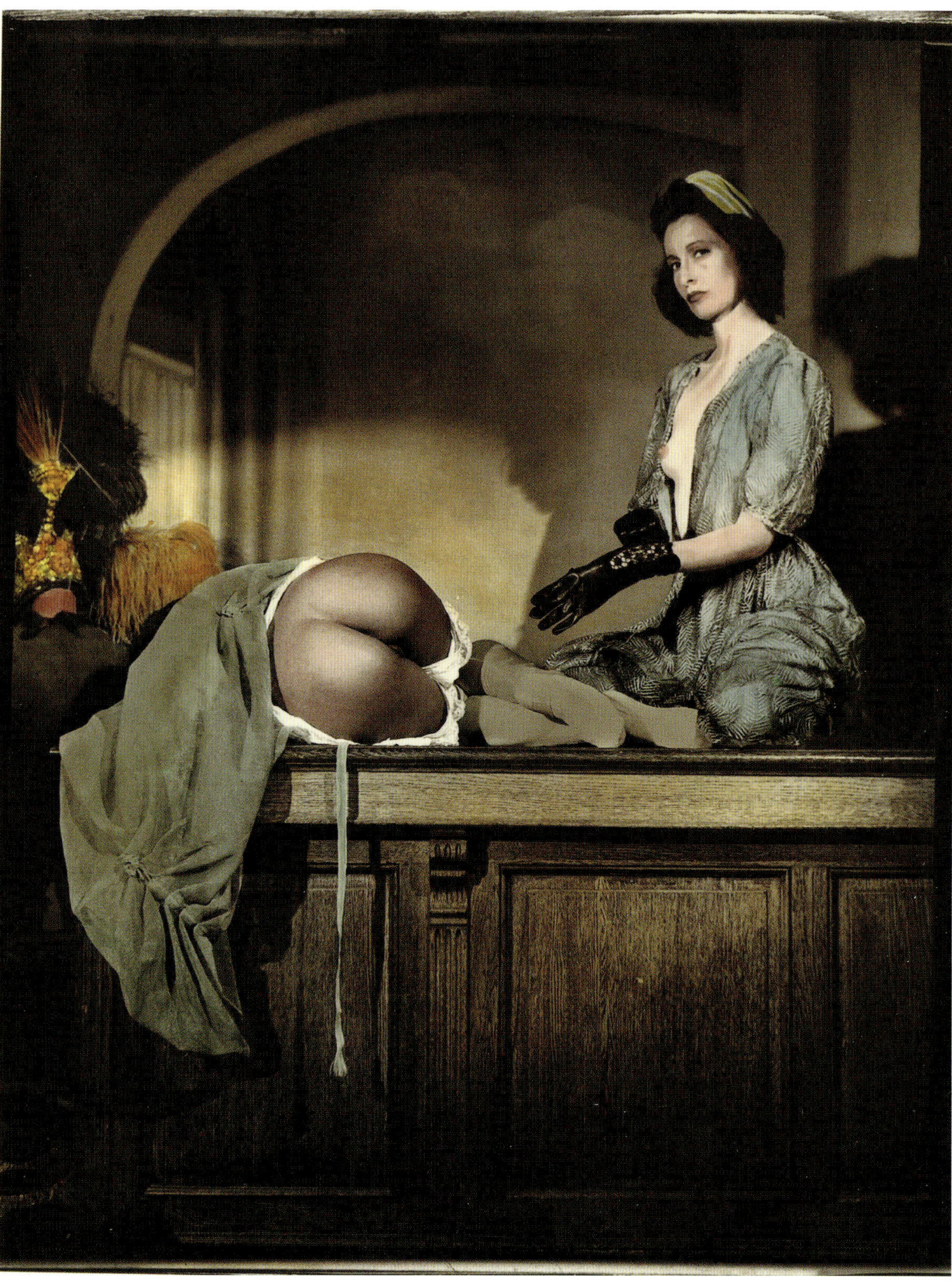

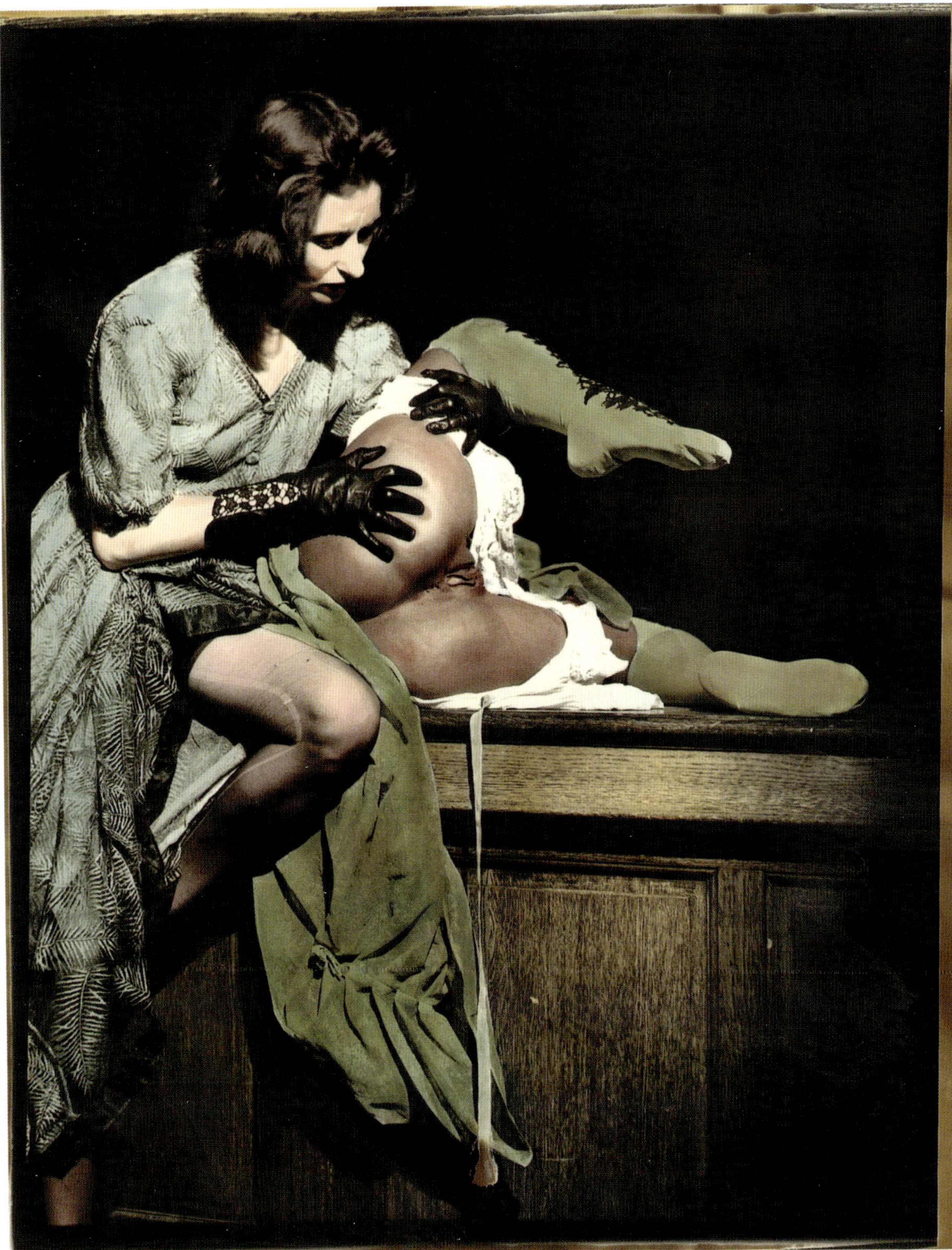

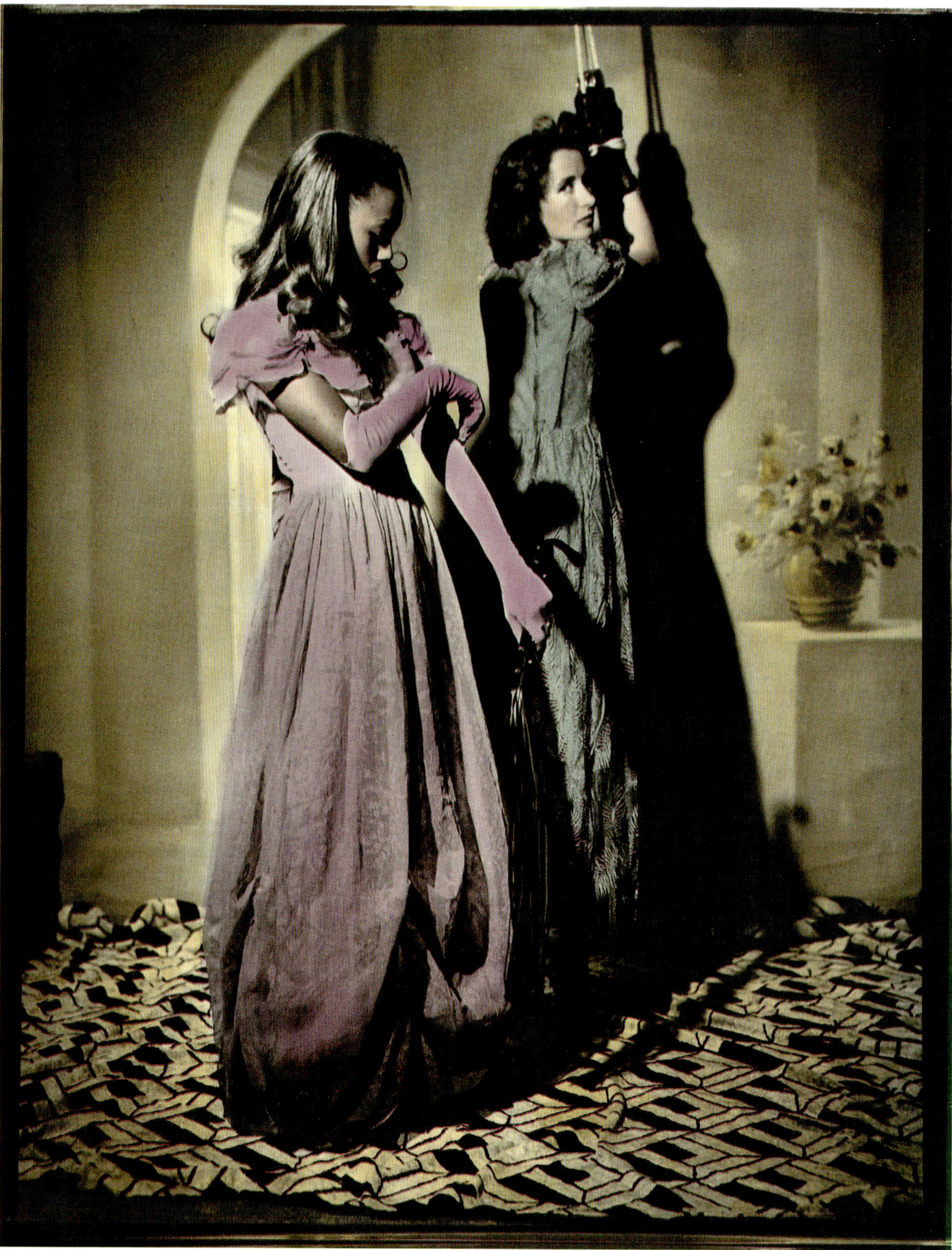

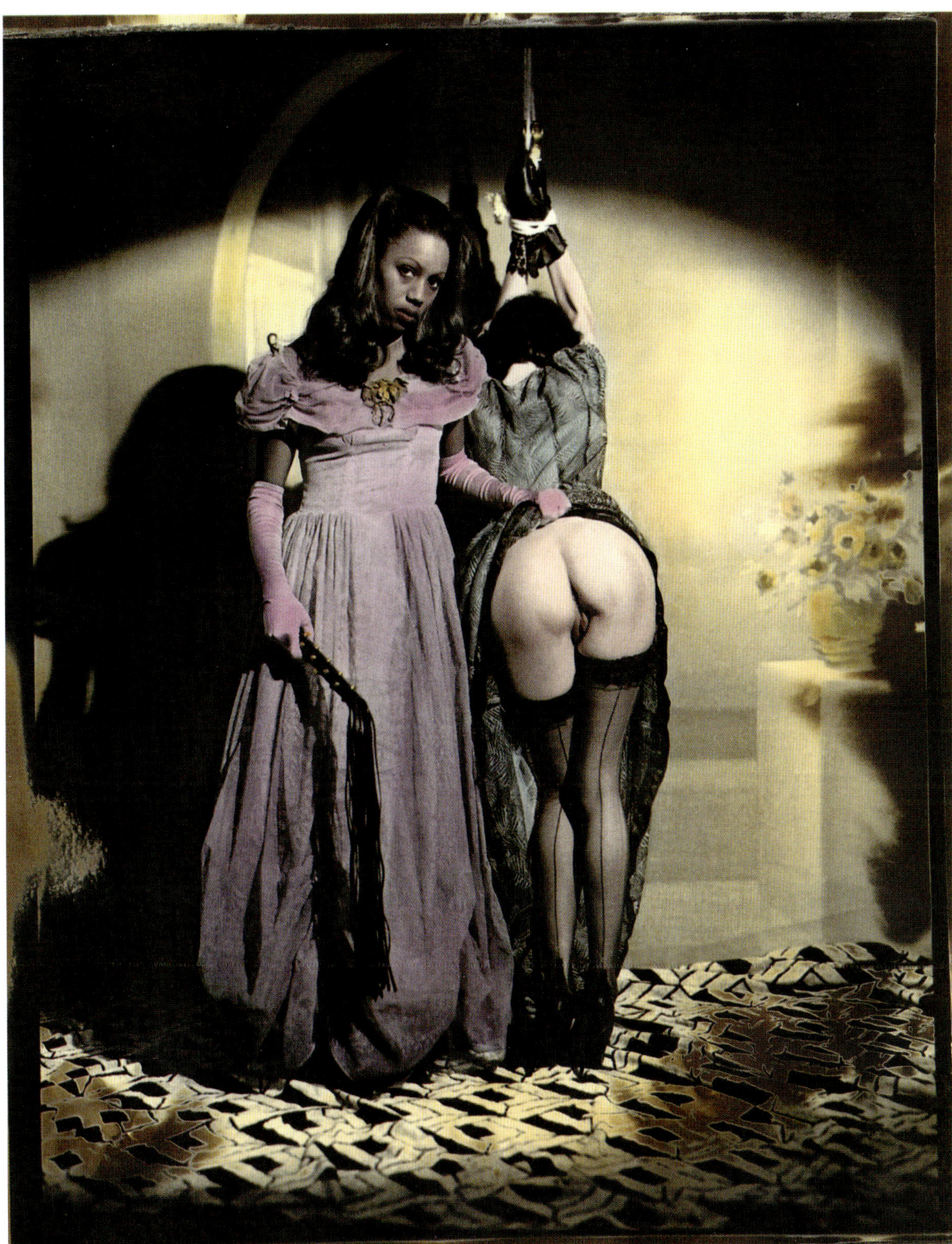

# UN APRÈS-MIDI CHEZ LA MARQUISE

## Ein Nachmittag bei der Marquise

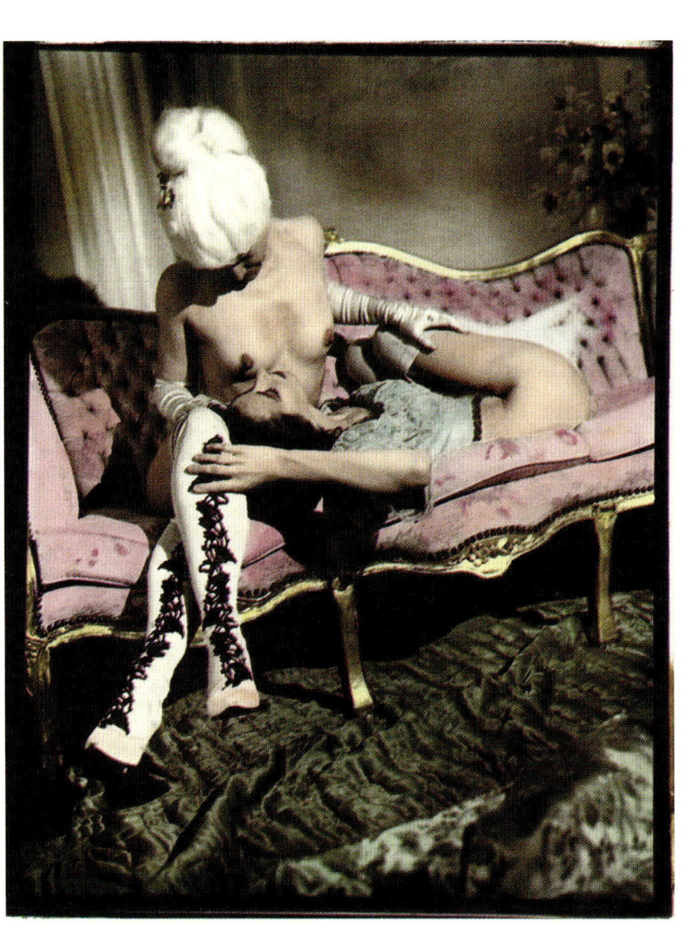

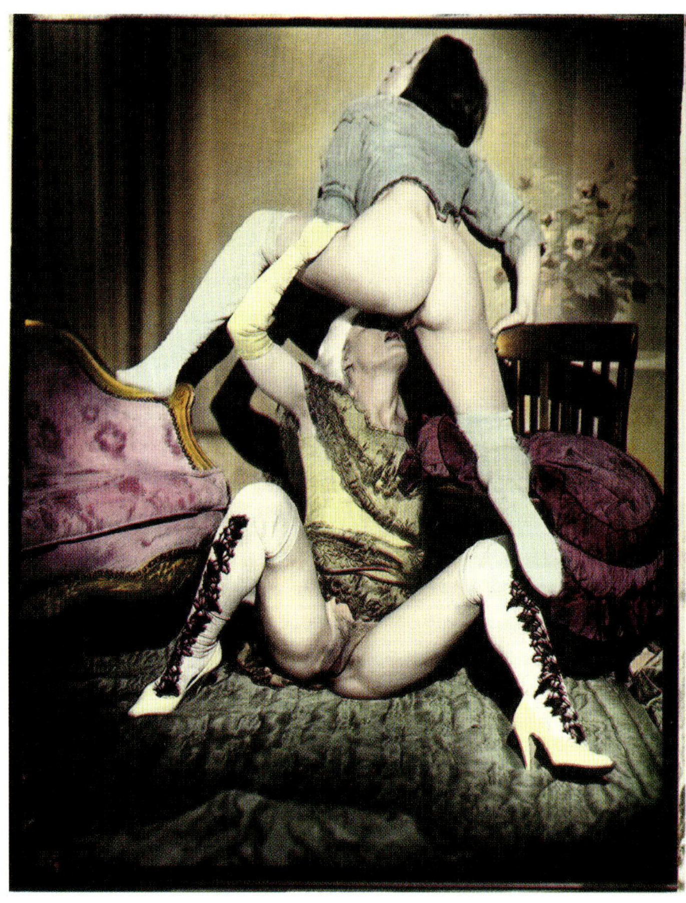

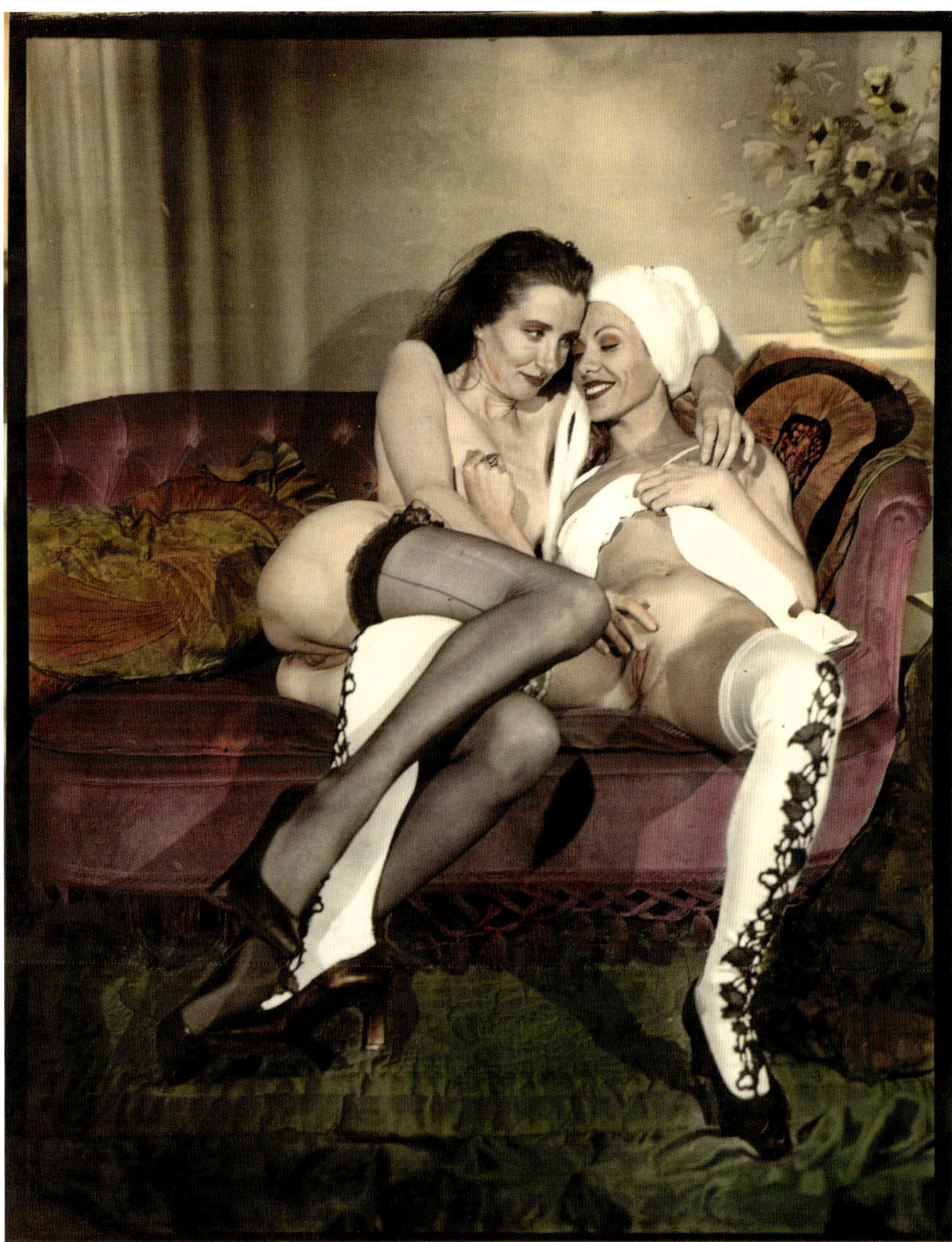

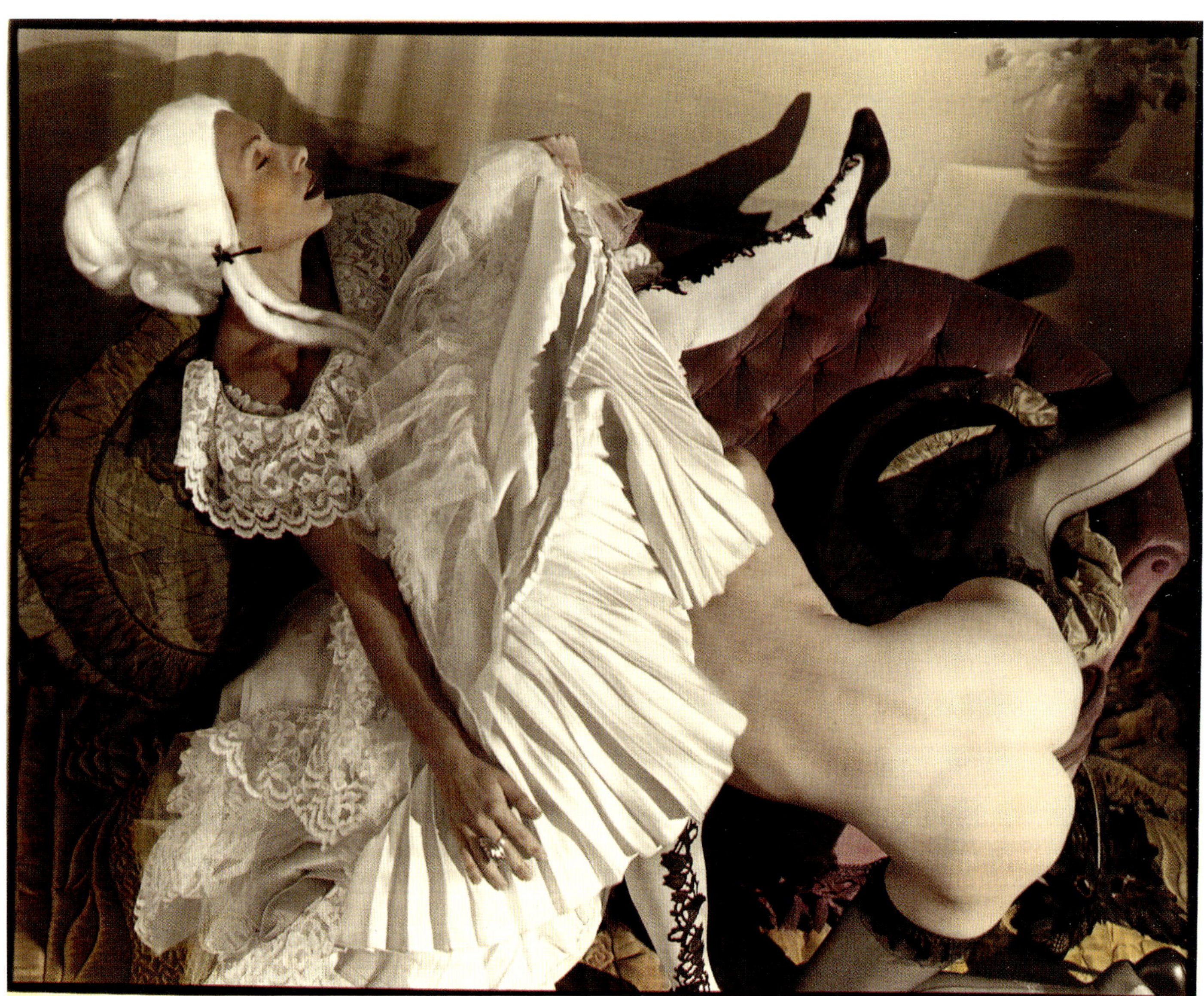

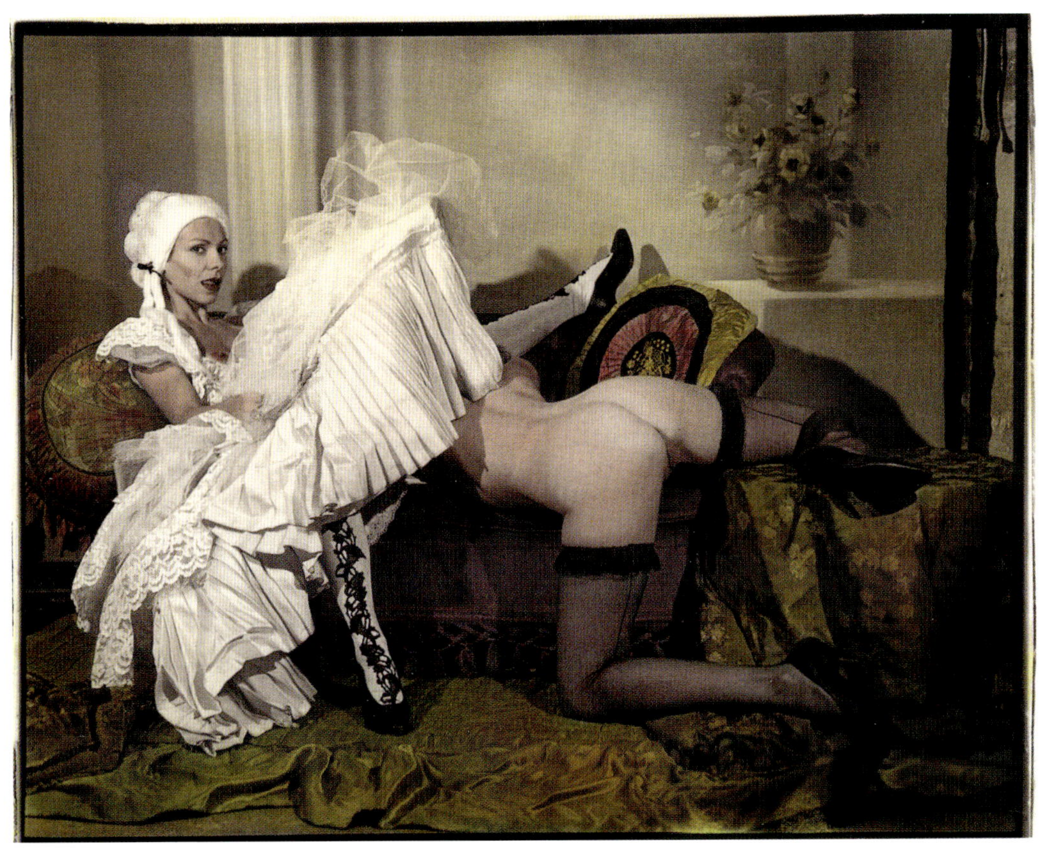

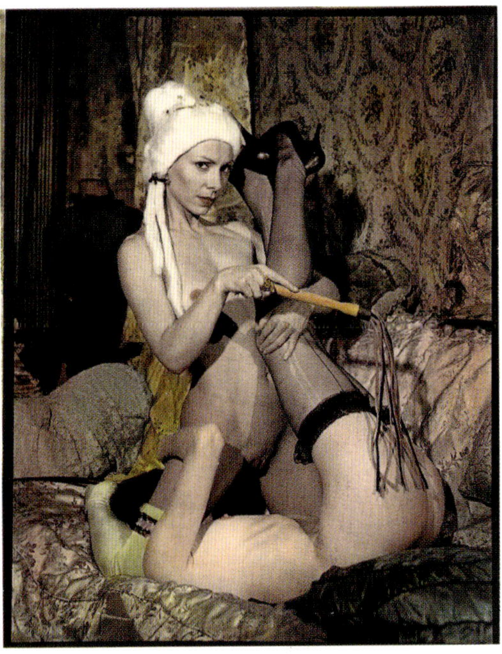

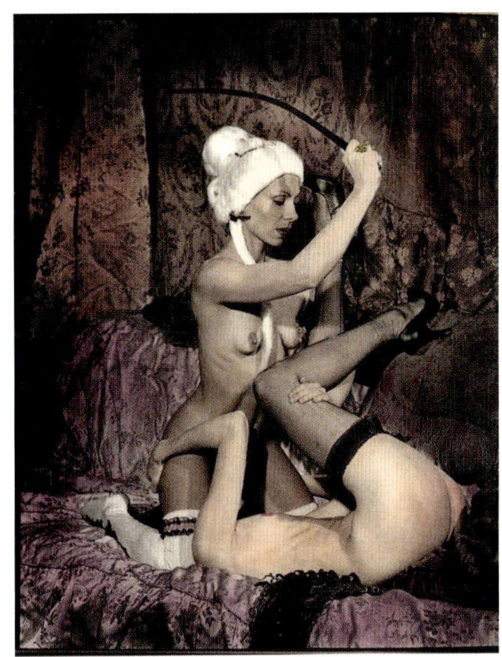

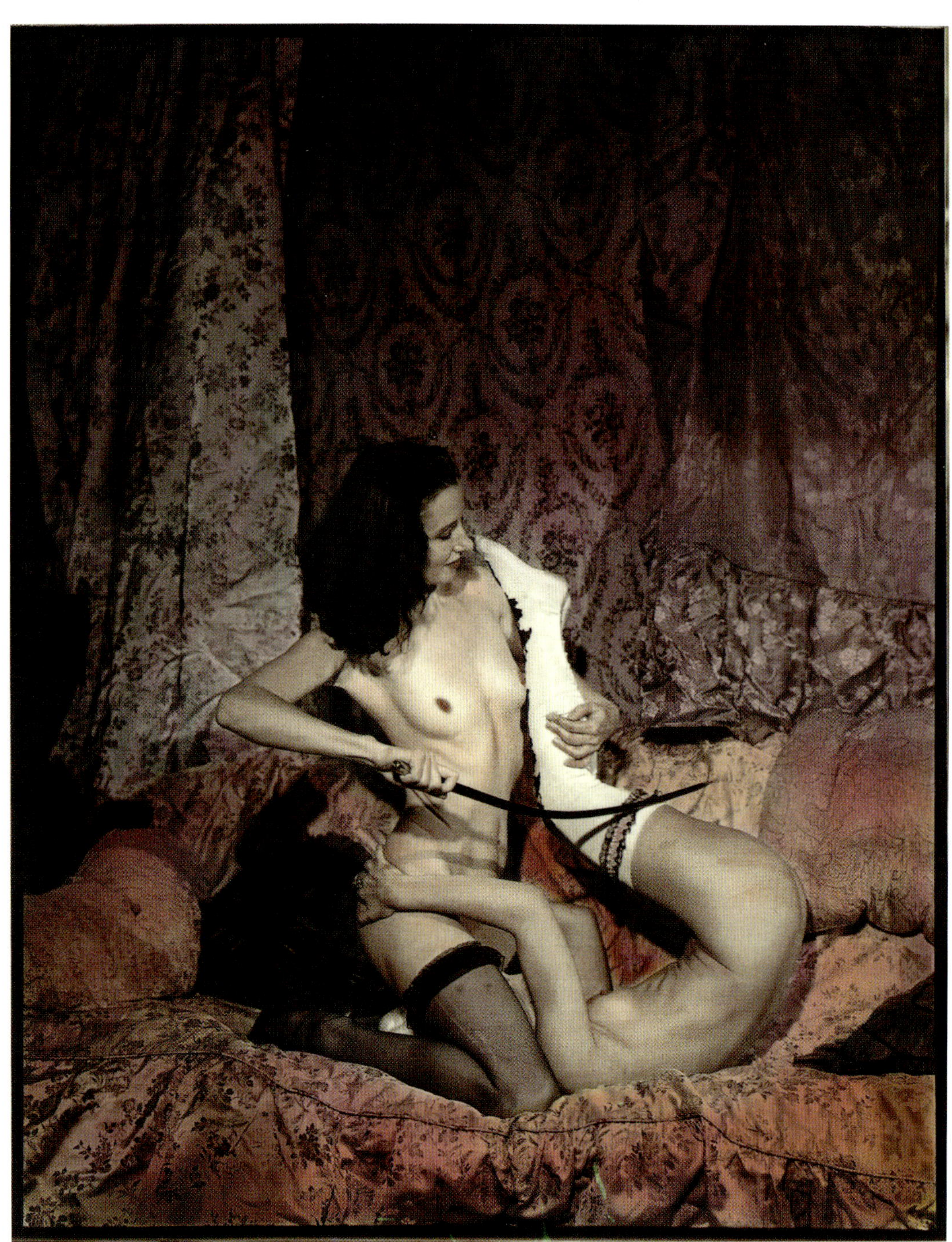

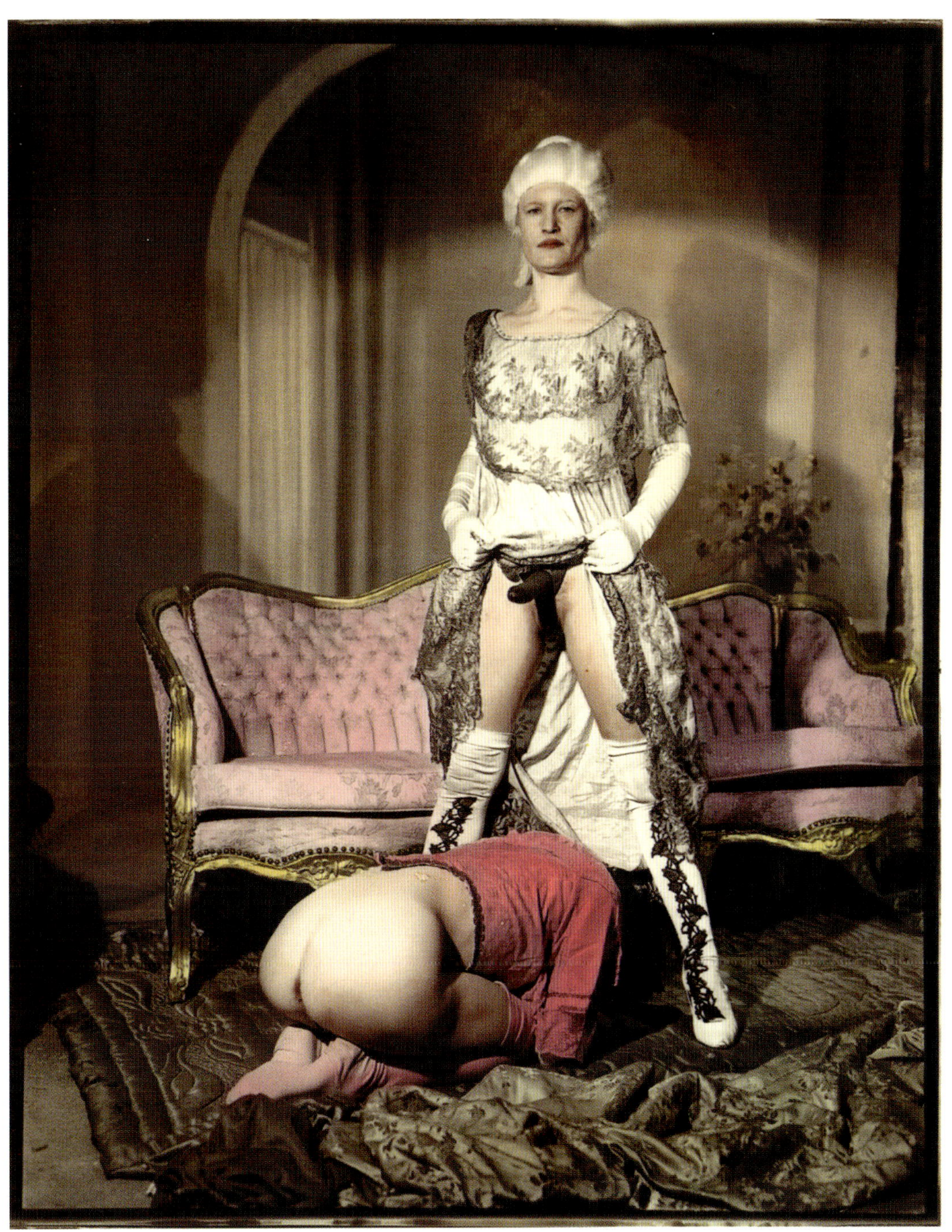

# UN DRESSAGE ANDALOU

## Eine andalusische Erziehung

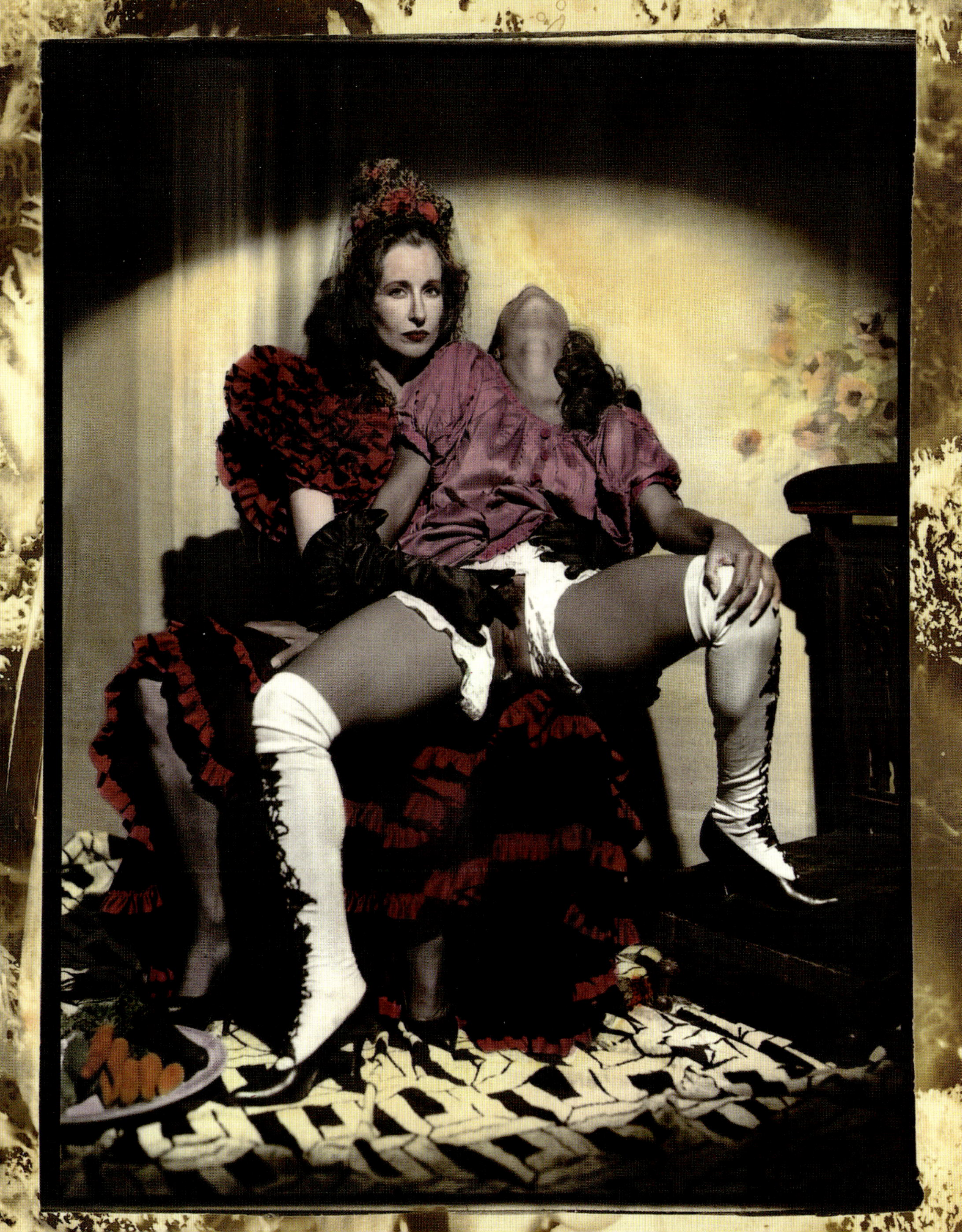

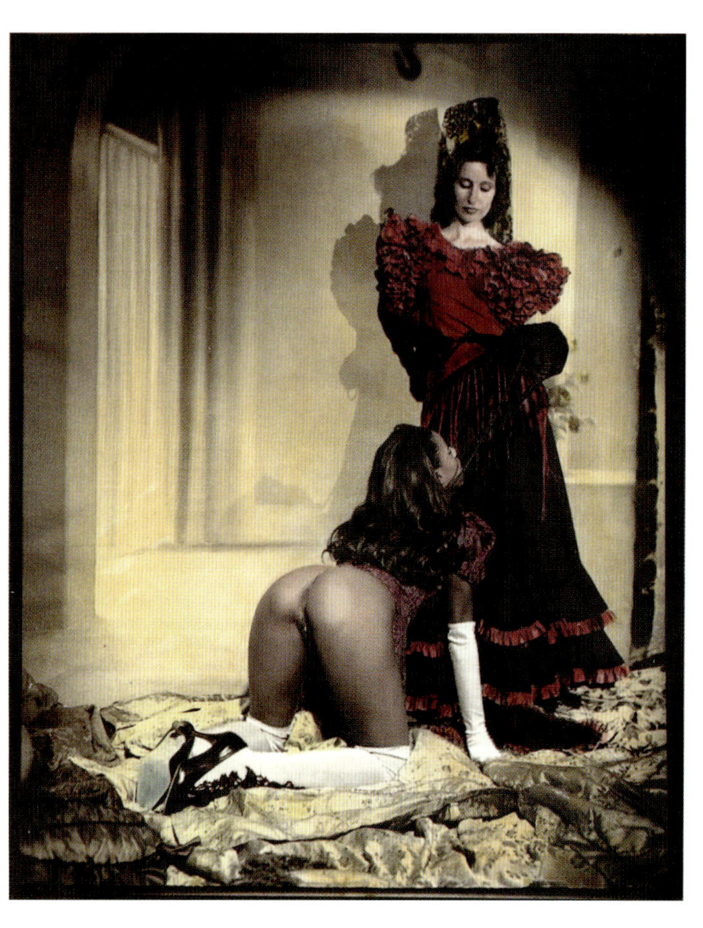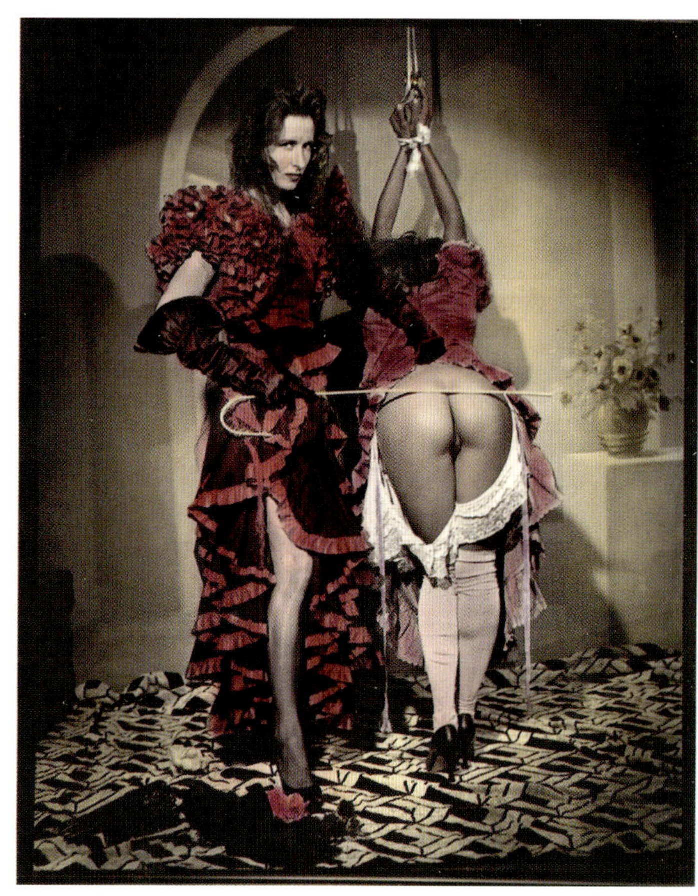

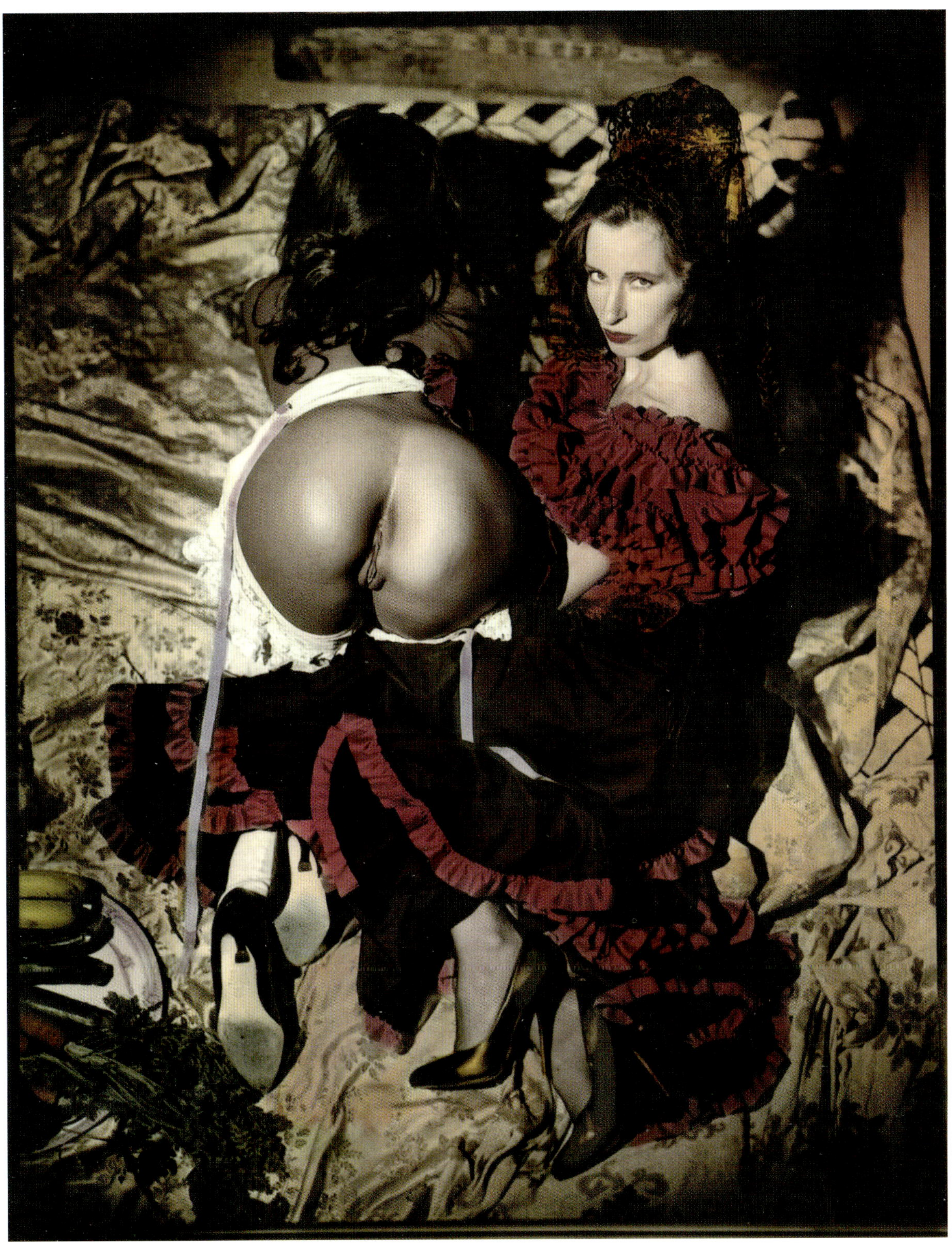

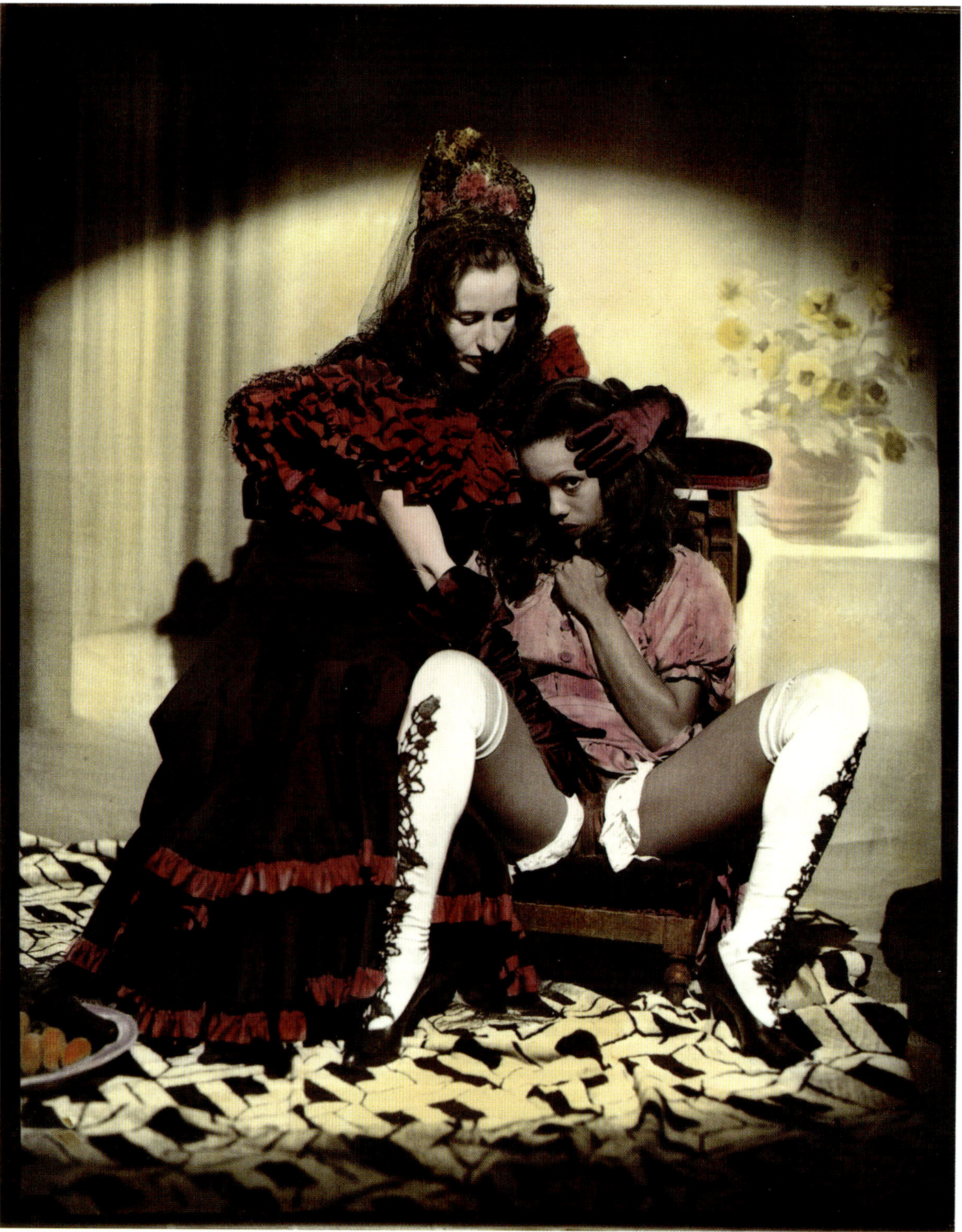

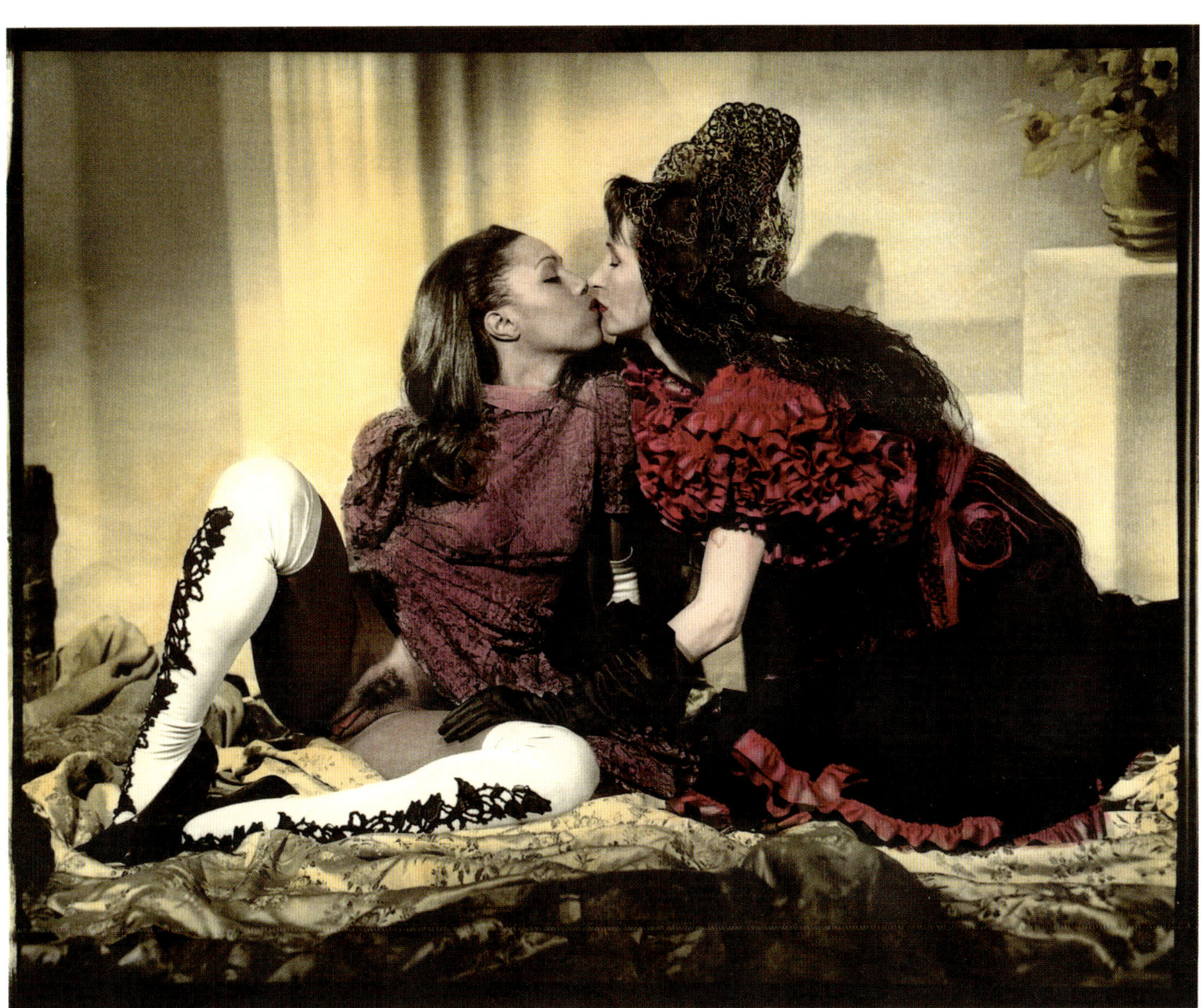

# PROFIL D'UN AMATEUR PHOTOGRAPHE

## Profil eines Amateurfotografen

*Alexandre Dupouy est collectionneur de photographies anciennes, cela se voit en premier lieu lorsqu'on regarde sa propre production.*
*Il y a chez lui la nostalgie des accessoires surannés, des ambiances obsolètes et surtout ce gout irrésistible pour les modèles natures. Elles sont là, dans un carré d'image fondu au noir, corsetées, enrubannées et joliment exhibées sous l'œil expert d'un vrai amateur, d'une vraie amoureuse. Elles posent pour le photographe et se prêtent avec complaisance aux jeux , innocents qu'il invente pour elles.*
*Je crois que le talent d'un photographe de charme se mesure avant tout au degré d'abandon de ses modèles. Il est étonnant de constater combien Dupouy est convaincant en la matière ! Nulle barrière ne résiste à sa conviction et c'est toujours un ravissement de voir comme il parvient à mettre en valeur, autant qu'en couleur, les rondeurs de ces demoiselles. Il faut dire que l'individu n'est point naïf, loin s'en faut, et sous l'aspect léger de son travail transparait une maîtrise consommée, fruit d'une passion exclusive.*
*Quoique complètement autodidacte, Alexandre Dupouy connaît parfaitement les ingrédients qui font une banne photographie. Il a bien regardé les images qui l'inspirent ; il leur emprunte les règles de composition et les critères de séduction, sans jamais oublier pour autant que la vraie réussite d'une image érotique est la charge émotionnelle qu'on y éjecte. Son travail est un savant mélange de culture collective et d'expérience personnelle qui lui donne toute son efficacité.*
*Nul n'est besoin d ,être instruit pour apprécier ses images, car ce qui est à voir est en nous et cela s'appelle le désir. Voyez cette jeune fille comme elle sourit : elle est heureuse, tout simplement, d'être sur la photo.*

GILLES BERQUET

*Alexandre Dupouy sammelt alte Fotografien. Man erkennt dies zuallererst dann, wenn man seine eigene Produktion betrachtet.*
*Es gibt bei ihm die Nostalgie der altmodischen Requisiten, des altertümlichen Ambientes und vor allem diese unwiderstehliche Schwäche für natürliche Modelle. Da sind sie, festgehalten in einem ins Schwarze übergehenden viereckigen Bildformat, ausstaffiert und dem sachkundigen Auge eines wahren Liebhabers, einer wahren Liebhaberin ganz preisgegeben. Sie posieren für den Fotografen und geben sich bereitwillig den unschuldigen Spielen hin, die er für sie erfindet.*
*Ich glaube, das Talent eines Fotografen, der in der Lage ist zu bezaubern, bemisst sich vor allem am Grad der Hingabe seiner Modelle. Es ist erstaunlich festzustellen, wie sehr Dupouy überzeugt. Er lässt sich nicht beirren, und es ist jedes Mal ein Vergnügen zu sehen, wie es ihm gelingt, die Harmonie dieser Damen, auch farblich, zur Geltung zu bringen. Man muss sagen, dass das Individuum durchaus nicht naiv erscheint, weit gefehlt, und unter der Leichtigkeit des Anblicks der Bilder wird ein vollendetes Können sichtbar, das Resultat einer exklusiven Leidenschaft.*
*Obwohl er reiner Autodidakt ist, kennt Alexandre Dupouy ganz genau die Zugaben, die eine gute Fotografie ausmachen. Er hat die Bilder, die ihn inspirieren, sehr gut studiert; er wendet auf sie die Regeln der Komposition und die Merkmale der Verführung an, ohne deshalb jemals zu vergessen, dass das wahre Gelingen eines erotischen Bildes die emotionale Kraft ist, die man hineingibt. Seine Arbeit ist eine gekonnte Mischung aus der Gesamtkultur und persönlicher Erfahrung, die ihm seine ganze Wirksamkeil verleiht.*
*Es bedarf keiner Bildung, sich seiner Bilder zu erfreuen, denn das, was zu sehen ist, ist in uns, und es heißt Verlangen. Sehen Sie, wie diese junge Frau lächelt: Sie ist ganz einfach glücklich, auf dem Bild zu sein.*

# UN SUPPLÉMENT
## Eine Zugabe

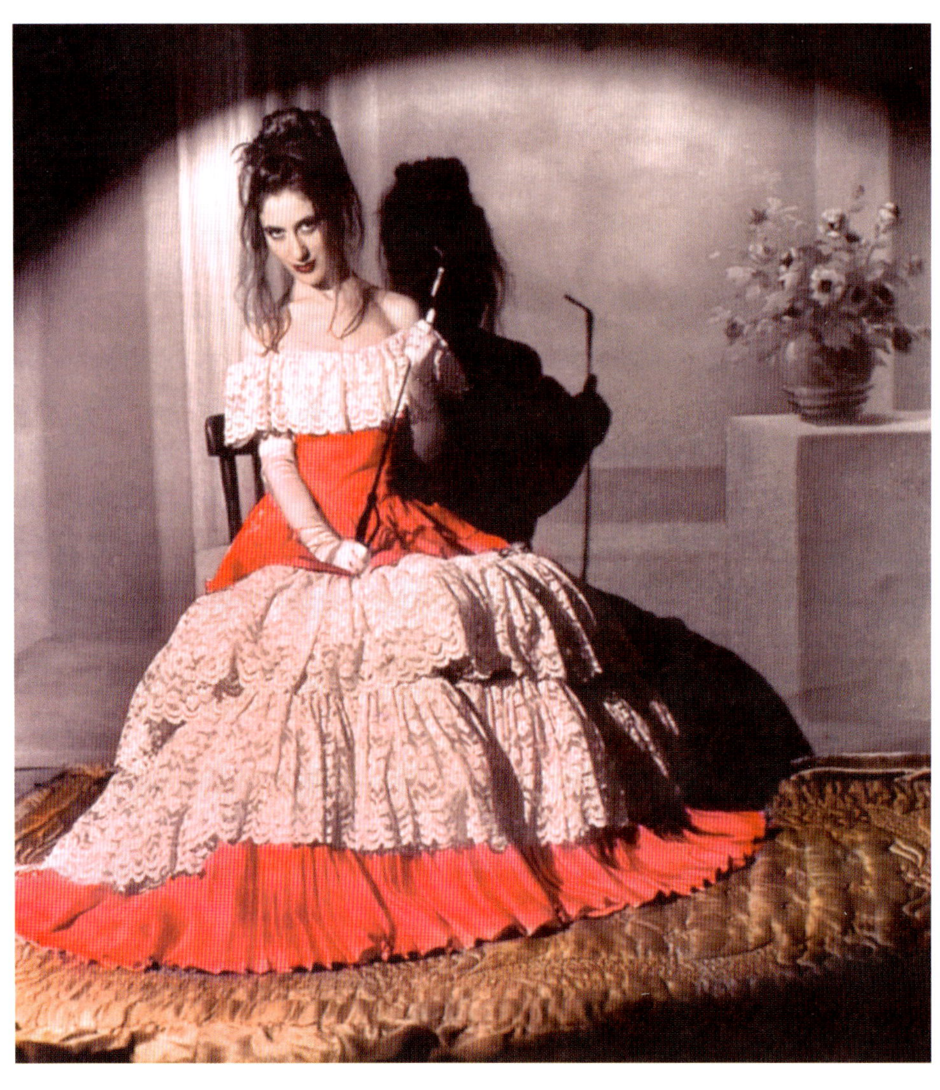

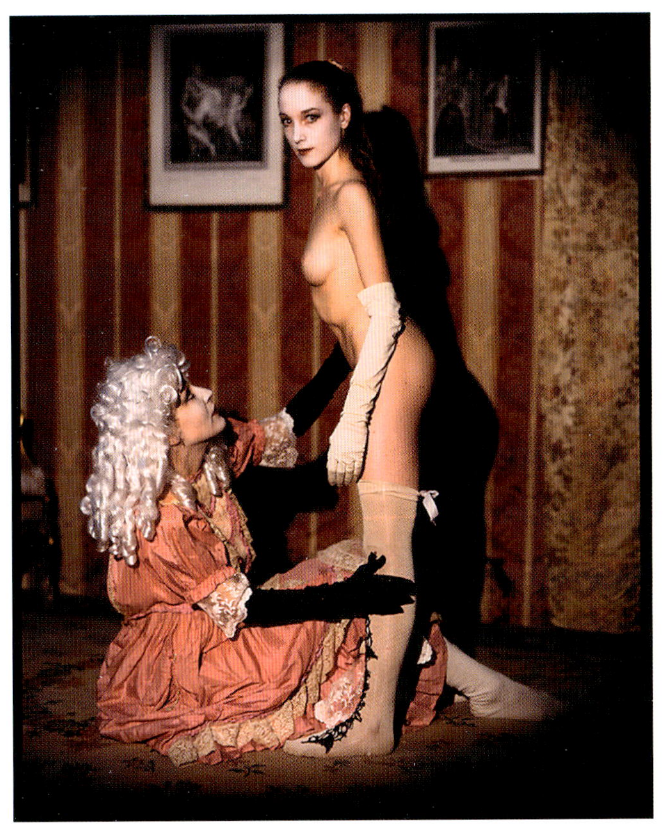

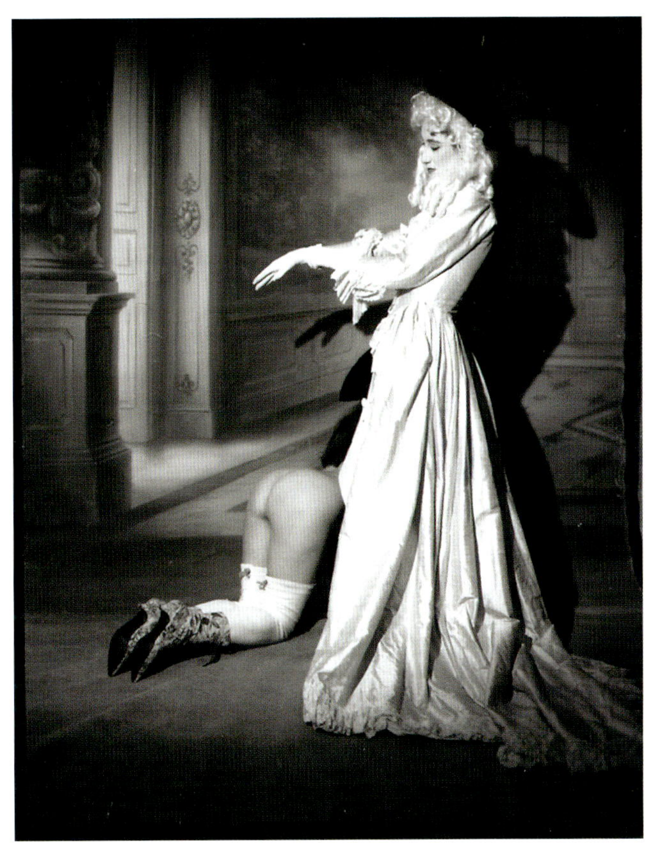

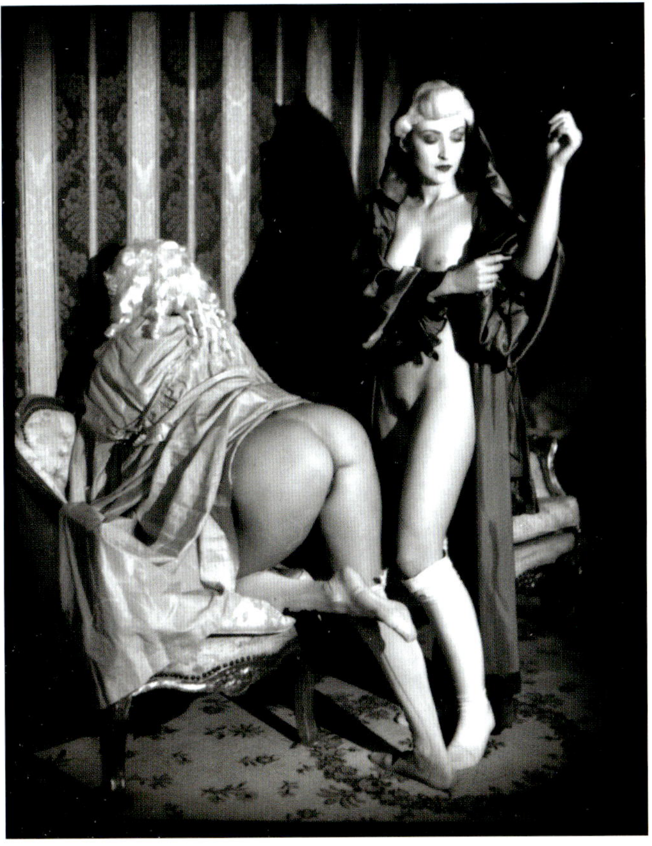

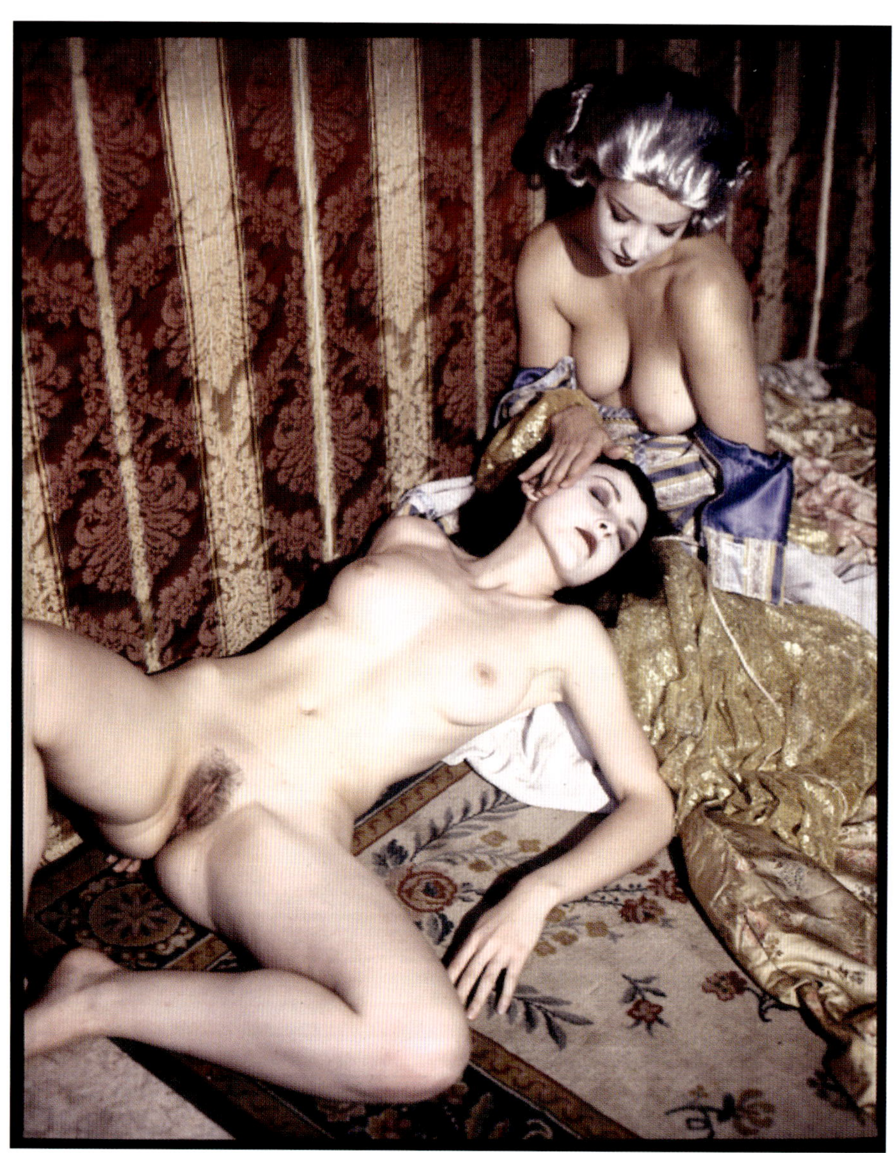

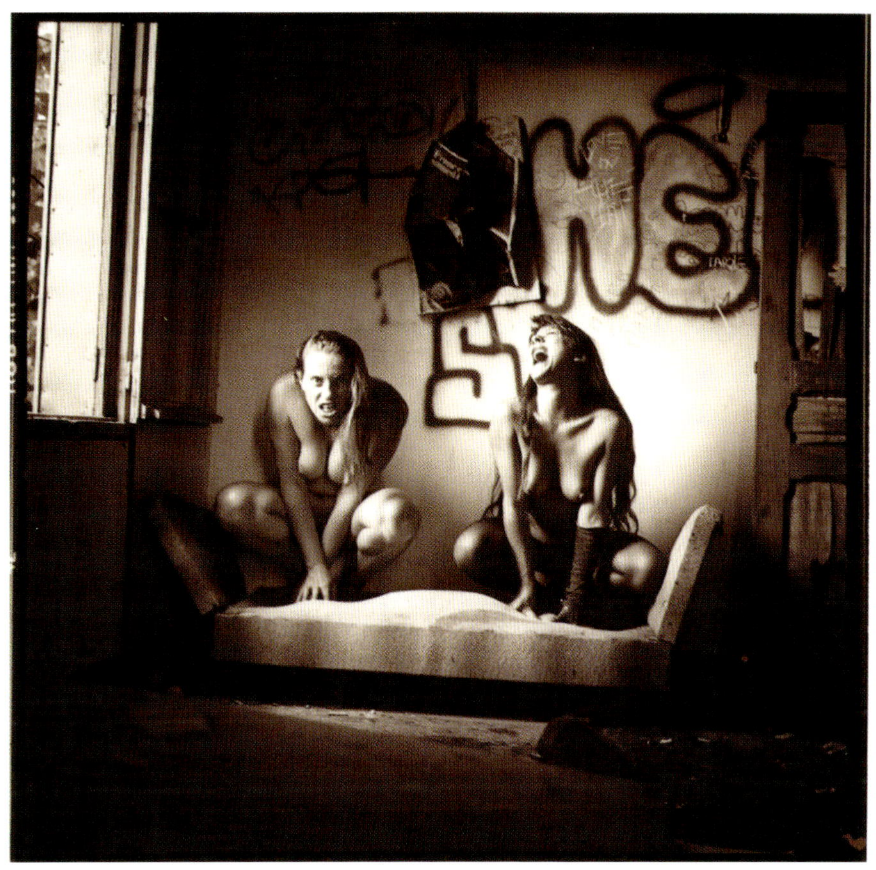

*Ce livre de photographies en noir et blanc colorées à la main a été publié pour la première fois en 1995. Inspirées de photographies historiques, elles sont aujourd'hui doublement historiques...*

*Dieses Buch mit handkolorierten Schwarz-Weiß-Fotografien erschien 1995 zum ersten Mal. Inspiriert von historischen Fotografien, sind sie heute doppelt historisch ...*

Andere Fotobücher / Autres livres de photos    konkursbuch.de

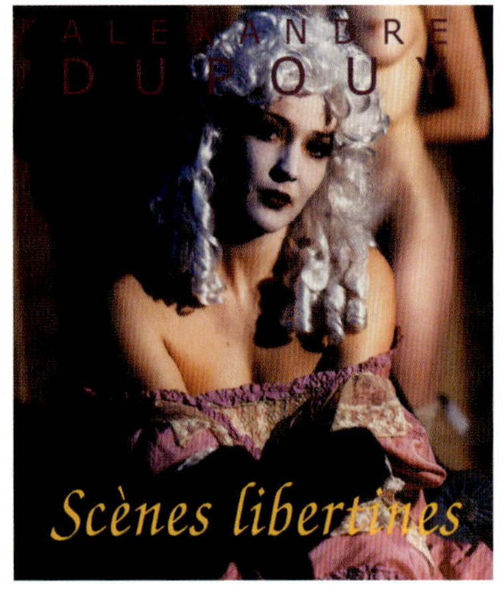

978-3-88769-317-6

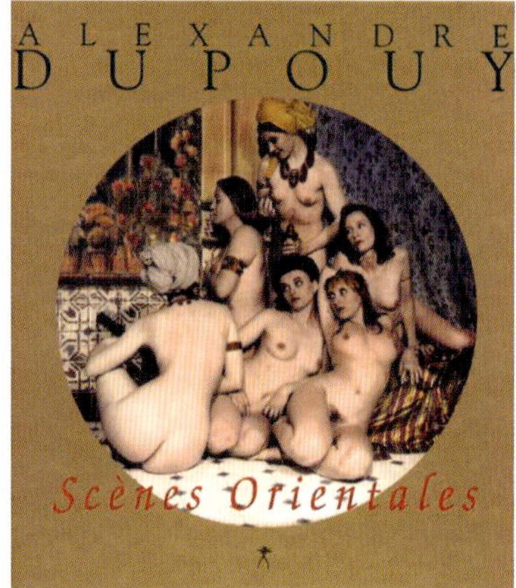

978-3-88769-123-3

Für die eigens zu den Bildern geschriebenen Texte danken wir
Pour les textes écrits spécialement pour les images, nous remercions
Jocelyne Dupouy, Gillet Berquet & Phoebe Müller.
Für die Übersetzungen Dank an
Pour les traductions, merci à
Ingrid Schulz & Michelle Gentil


Impressum

Neuausgabe 2022
© Konkursbuch Verlag Claudia Gehrke
Tel. 0049 (0) 7071 66551 und (0) 172 7233958
PF 1621, D-72006 Tübingen
gehrke@konkursbuch.com
konkursbuch.de


ISBN 978-3-88769-091-5

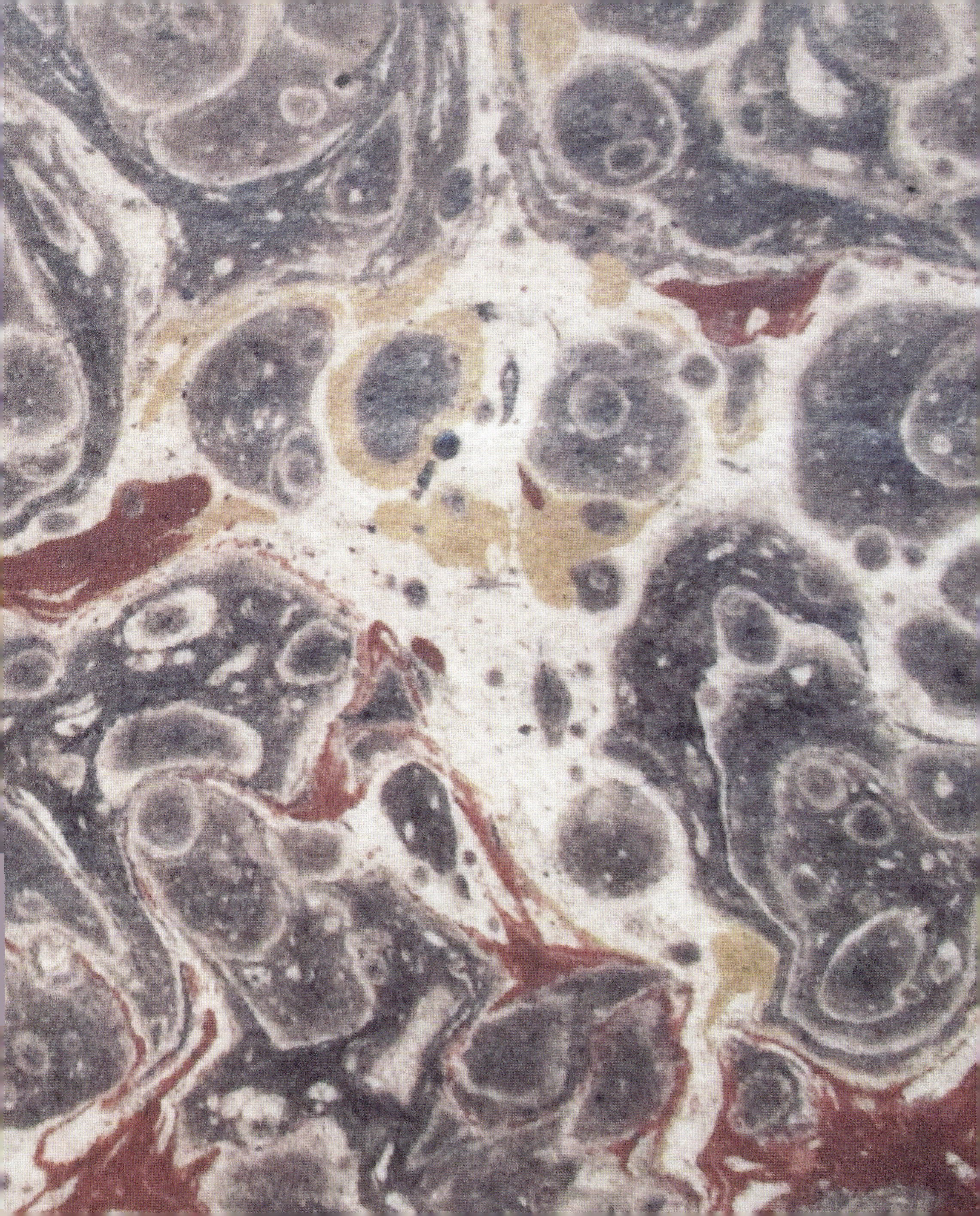

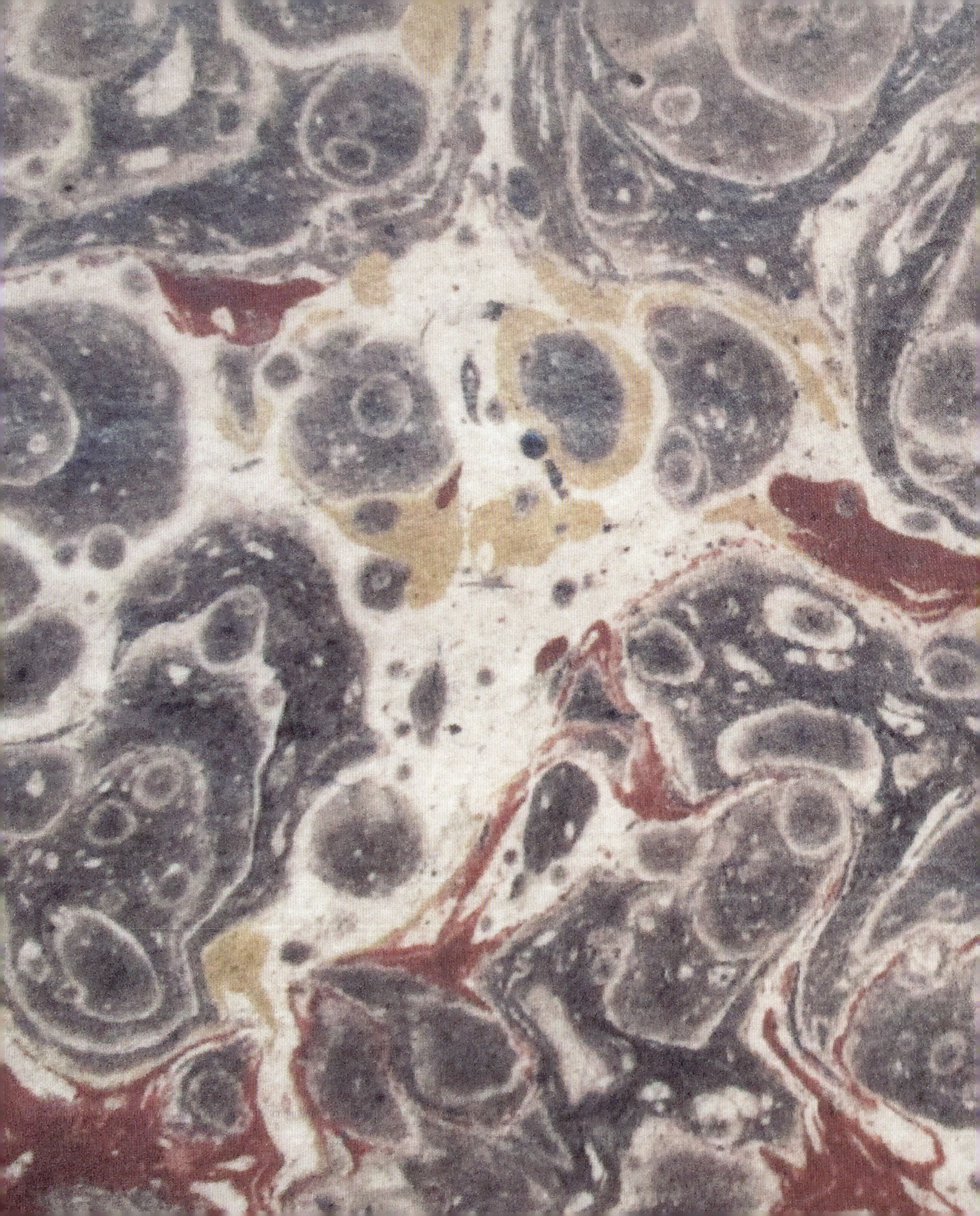